cumplicidade virtu@l

cumplicidade virtu@l

Candice Alcântara

Casa do Psicólogo®

© 2012 Casapsi Livraria e Editora Ltda.
É proibida a reprodução total ou parcial desta publicação, para qualquer finalidade, sem autorização por escrito dos editores.

1ª Edição	*2012*
Diretor Geral	*Ingo Bernd Güntert*
Publisher	*Marcio Coelho*
Coordenador Editorial	*Fabio Alves Melo*
Revisão	*Laura Carvalho*
Diagramação e Capa	*Carla Vogel*

Dados Internacionais de Catalogação na Publicação (CIP)
Angélica Ilacqua CRB-8/7057

Alcântara, Candice
 Cumplicidade virtual / Candice Alcântara. - São Paulo : Casa do Psicólogo, 2013.

ISBN 978-85-8040-138-7

1. Redes sociais 2. Internet 3. Publicidade 4. Web 5. Educação
I. Título

12-0455   CDD 303.4833

Índices para catálogo sistemático:
1. Redes sociais on-line

Impresso no Brasil
Printed in Brazil

As opiniões expressas neste livro, bem como seu conteúdo, são de responsabilidade de seus autores, não necessariamente correspondendo ao ponto de vista da editora.

Reservados todos os direitos de publicação em língua portuguesa à

Casapsi Livraria e Editora Ltda.
Rua Simão Álvares, 1020
Pinheiros • CEP 05417-020
São Paulo/SP – Brasil
Tel. Fax: (11) 3034-3600
www.casadopsicologo.com.br

A todos aqueles que contribuíram
de alguma forma para que este livro
fizesse parte da vida real

Sumário

Post 0. Introdução 11

Post 1. As novas mídias – afinal, de onde veio essa Web 2.0? 17
A rede mundial de computadores: Internet 19
A Internet finalmente no Brasil 21
Nada menos que um fenômeno: Google 23
Dominado pelo Brasil: Orkut 26
Conversinhas: comunicadores instantâneos e bate-papos (chats) 29
As telecomunicações contra-atacam: Skype 32
Uma real rede de trocas *online*: Napster 33
Ajudando para ser ajudado: Livemocha e CouchSurfing 34
O profissional nas redes sociais: LinkedIn 37
Um muro à sua frente: Facebook 38
Internet feita por todos: Web 2.0 e linguagem wiki 41
A televisão feita por você: YouTube 45
Artistas pela rede: Flickr e MySpace 47

Um mais um é mais: Mashup 50
O micro blog: Twitter 51
Não é diário, é Blog 54
Balaio do mundo virtual: o resto é muita coisa 58

Post 2. Novo Mundo – mas será que as pessoas mudaram mesmo? 63
Open source e *do it yourself* – direito de posse de informação 72
A casa da mãe Joana 78
Nunca fale com estranhos – ameaças pela rede 83
Geração Y – depois da X e antes da Z 89
Tudo ao mesmo tempo 96
Eu também faço parte 99
Isolamento sem solidão 103
Simplicidade ao hiperextremo 107
Um espaço pra chamar de meu 110
Atrás do muro sou quem eu quero 113
Todo mundo entra na dança, mas nem todos conquistam a rede 118
First or second life 122
Por horas a fio 126
Preconceito e *Cyberbulling* 129
Comunicação de massa e *consumer-generated media* 135
Público e privado 142
Hábitos e tendências 149

Post 3. Cumplicidade virtual - vidas reais no celeiro digital 157
　Redes sociais na Internet 161
　Cumplicidade virtual 169
　A Internet e a possibilidade terapêutica 180

Post 4. A interação - usos da web engrandecidos pela 2.0 197
　Webmarketing 206
　Publicidade 216
　E-commerce 221
　Webjornalismo x jornalismo participativo 224
　Educação 230

Post 5. Vivendo em um mundo conectado 233
　Trabalhando de graça 233
　Ideias que só vivem na rede 237

Para fechar o arquivo 243

Referências 249

Post 0. Introdução

Desde que a Internet começou a se popularizar já surgiram os primeiros casos de profissionais ou não que ofereciam seus serviços terapêuticos pela rede. Por aqui, isso surgiu quando a Internet ainda estava chegando ao Brasil com força e a esmagadora maioria da população ainda não tinha acesso a ela, e os que tinham ainda estavam aprendendo como usar e descobrindo o que encontrar ali.

Cerca de vinte anos se passaram e hoje a quantidade de *cybers* espaços e de escolas e centros comunitários que mantêm computadores conectados propicia a uma grande parcela da população brasileira o acesso à Internet, às inesgotáveis fontes de pesquisa, aos bate-papos e às redes de relacionamento que se popularizaram com intensidade entre os jovens, principalmente.

Para que possamos compreender como se deu uma mudança de comportamento a partir do advento da Internet, precisamos entender primeiro um pouco de todo o processo de implantação desta rede que surgiu para quebrar barreiras de comunicação entre pessoas do mundo inteiro. Portanto, no primeiro capítulo deste livro, veremos resumidamente este percurso que a rede fez até chegar aos brasileiros e alguns marcos que considero essenciais para a consolidação do fenômeno das redes sociais, que tanto se fortaleceu e ilustra as mudanças naturais que vêm ocorrendo com a chamada Web 2.0.

O nosso objetivo aqui não é rever um histórico completo da Internet ou das mídias sociais que, mais do que uma moda, são hoje uma importante e forte ferramenta de comunicação; mas apresentar o contexto em que ocorre esse decisivo acontecimento que chegou para mudar as formas de relacionamento entre as pessoas: o surgimento da Internet. Portanto, um breve histórico de acontecimentos é apresentado, porém muito mais para informar em que condições os fatos ocorreram e como foi o comportamento geral no período. Esse panorama servirá como base para compreensão do segundo capítulo quando abordo mais a fundo as mudanças de padrões e novas formas de estar na era virtual.

No entanto, da mesma forma que a Internet trouxe uma série de vantagens, e estas eram de fato inumeráveis e inimagináveis há duas décadas, ela também tem seu lado ruim, que provém do seu mau uso ou de simples consequências desse uso. Um destes aspectos é o tão discutido distanciamento maior entre boa parte das pessoas, que despendem mais horas de seu dia diante dos computadores seja com atividades de estudo ou lazer, solitárias ou apenas virtualmente acompanhadas.

Discuto aqui de que forma esse aspecto de forte presença da Internet no dia a dia ou o que chamo de "cumplicidade virtual" chegam a afetar principalmente os jovens, que para nossa discussão terá uma ampla abrangência desde pré-adolescentes até adultos na faixa dos 35 anos de idade, que são os mais assíduos usuários da rede. Como essas pessoas usam hoje a Internet para liberar e sanar suas angústias e medos.

A ideia de escrever este livro surgiu de uma reflexão sobre algo que para mim foi uma surpresa: a resposta das pessoas ao meu *blog*. Como psicóloga e jornalista, uni o prazer de escrever à satisfação de pesquisar sobre o comportamento humano. Para isto, criei no início de 2008 um *blog* para postar trabalhos, textos, como uma forma de fazer um *back-up* pessoal e, eventualmente, para que também pudessem tornar-se fontes de pesquisa e ajudar quem estivesse estudando temas relacionados.

Fiquei feliz quando comecei a receber *e-mails* de estudantes e mesmo de recém-formados em Psicologia pedindo orientação e solicitando respostas a entrevistas para trabalhos acadêmicos. Mas principalmente me surpreendi quando pessoas me escreviam pedindo orientação sobre os mais variados temas, desde formas de fertilização a conselhos profissionais. De pessoas que moram em outros estados brasileiros a pessoas que moram no exterior, como portugueses. Gente que me fez perceber a grandiosidade do uso da Internet e a riqueza que eu poderia ter em minhas mãos: ajudar o Outro.

Perceber que eu era encontrada pela Internet e buscada a confortar pessoas que nunca me viram pessoalmente, mas relatavam a mim seus segredos mais íntimos me fez pensar sobre várias coisas, inclusive sobre a responsabilidade e o cuidado de minhas respostas. Uma de minhas preocupações foi: e se o profissional que estivesse sendo abordado não fosse ético, não fosse competente ou mesmo não estivesse preocupado em ajudar? Outra foi: por que essas pessoas que sem dúvida têm amigos, algumas com condições de procurar ajuda profissional em suas cidades, recorreram a alguém na Internet?

As respostas podem ser muitas e sem dúvida são diferentes para cada caso. Mas tenho certeza de que não foi apenas pelo fato de o *blog* estar ali com alguém que se mostrava disponível para ajudar sem cobrar nada, até porque o intuito está claro que não se destina a prestar atendimento virtual ou qualquer atividade do gênero, mas sim de oferecer informação e opinião sobre temas relacionados à sexualidade e à Psicologia.

Então o porquê ou os porquês desta busca por orientação virtual ao mesmo tempo em que ainda existe muito preconceito de profissionais e pacientes em levar adiante uma terapia via Internet? Esses aspectos me intrigaram e me fizeram pensar e buscar explicações que nos ajudem a refletir e quem sabe pensar em novos modelos de ajuda e atendimento e novas práticas dentro da psicoterapia. Afinal, estar preso ao tradicional e avesso ao novo pode significar um fechar de olhos para pessoas que já estão adaptadas a novas formas de estar no mundo. Desta forma, resolvi reunir estas reflexões sobre o tema, que foram fruto de pesquisas, contatos e observações ao longo de dois anos, e uni-las aos estudos que tenho feito sobre outros usos e perspectivas deste mesmo meio que se tornou essencial na minha vida e na de tantas outras pessoas em todo o mundo.

Não deixo de acreditar que mãe, irmão, amigo, vizinho e até desconhecidos sempre possam ajudar alguém com seus problemas e dúvidas, mas também possam atrapalhar e confundir bastante. Apenas aqueles que estudaram para isso, e muitas vezes (e infelizmente) sequer os que estudaram, têm capacidade para realizar uma terapia realmente benéfica. A realidade é que lidar com o comportamento humano e ser alguém tão fundamental para a tomada de decisões de pessoas com quem nos encontramos no *setting* clínico não é tarefa simples.

É preciso muita vontade de ajudar e muita dedicação aos estudos teóricos para não atrapalhar e piorar o estado daquele que precisa de ajuda. Vontade significa disposição... estar disponível não apenas fisicamente, mas estar apto para ouvir e compreender, colocar-se no lugar do Outro, entregar-se ao seu mundo e aos seus dilemas que, por vezes, são incompreensíveis aos amigos, familiares e desconhecidos, e que para o terapeuta não deve importar a estranheza ou os aspectos incompreensíveis, mas sim aquele que está falando.

Minha finalidade neste livro, portanto, é a de costurar reflexões acerca do uso de novas mídias sociais como forma de estar no mundo, a fim de construir um tecido que nos mostre como esta rede de angústias que cada dia parece aumentar com maior facilidade em cada indivíduo parece também tentar constantemente ser diluída. Como esse indivíduo se apresenta em uma nova realidade com tantos estímulos, tantas opções e tanta cobrança por sucesso quando ele ainda está tentando descobrir o que significa isso.

Refletir como uma série de sentimentos e comportamentos emergiram e se transformam com o uso da Internet é o objetivo do segundo capítulo. Com isto, tentamos compreender como o uso da Internet e suas ferramentas, e principalmente como as redes sociais vêm trazendo mudanças na forma como os usuários, as empresas, os amigos, os famosos e os anônimos passaram a se expressar e a se comunicar.

Ao longo dos segundo e terceiro capítulos, veremos o quanto a Internet se tornou esta válvula de escape para quem procura uma alternativa para suas angústias. E principalmente o quanto ela pode contribuir para sanar essas tormentas que chegam para algumas pessoas que não sabem a quem recorrer.

No quarto e no quinto capítulo, vamos além deste papel terapêutico que podemos encontrar na Internet e nas novas formas de comunicação e de relacionamento, mas vemos outras muitas formas úteis de aproveitar o espaço virtual e as mídias sociais que chegaram para ficar e se tornaram uma forte realidade entre usuários frequentes ou não da rede mundial de computadores.

Pois atualmente, as empresas e os profissionais se preocupam em se fazerem presentes e bem vistos na Internet e esquecem que não é apenas a visibilidade que importa, mas um planejamento de como esta visibilidade vai acontecer. Estar presente hoje na Internet é mais que importante, é fundamental, mas perder-se no emaranhado desta rede é muito fácil também, pois o que está por trás dela são pessoas, que têm opinião, que escutam a opinião alheia, que discutem e trocam experiências para mudar de opinião e o que está na cabeça de cada um não é manipulável com um simples clique.

Post 1. As novas mídias – afinal, de onde veio essa Web 2.0?

Se você está procurando emprego, seguramente já viu diversos anúncios que requerem do candidato familiaridade com redes sociais. Ou se você é pai de adolescentes, provavelmente sabe que eles trocam milhares de informações e têm amigos de vários lugares mesmo que nunca tenha viajado, mas os conhece bem do Orkut (www.orkut.com). Ou se você mesmo não dá um passo sem informar aos seus seguidores no Twitter (www.twitter.com) ou no Foursquare, sabe bem que as formas de comunicação mudaram e não vão mais parar de mudar.

Hoje, as informações giram em uma velocidade assustadora e os mais jovens estão tão habituados com isso, que não conseguem entender como quem não cresceu na era da Internet conseguia sequer sobreviver sem *e-mail*, sem Orkut ou sem MSN. Atualmente, ter três *e-mails*, estar presente em pelo menos umas quatro redes sociais além de ser comum chega realmente a ser quase uma forma de sobrevivência para alguns jovens profissionais.

Hoje, quando falamos de redes sociais, há uma infinidade de *sites* de relacionamento, de paquera, uns com outras finalidades como aprender idiomas, ouvir música, compartilhar informações diversas, descolar uma hospedagem em uma viagem ou fazer contatos para conseguir o próximo emprego. O intuito de quem utiliza as redes sociais pode ser variado ou nem ao menos estar claro. Mas que elas se tornaram fundamentais no relacionamento de muitas pessoas é um fato.

Como usuária de rede social, venho sentindo, como muitos outros usuários mais antigos ou mais novos, as mudanças constantes e a quantidade de novas redes que surgem sem que muitos sequer tomem conhecimento, tendo mais êxitos em determinados grupos ou países. Hoje, além de manter o *blog*, estou presente ativamente em mais quatro redes sociais, além de manter perfil em outras e aproveitar constantemente o que a internet tem disponível, em atividades que se tornaram corriqueiras, como baixar programas, músicas, utilizar *e-mails*, fazer cursos *online*, assistir a filmes *online*, falar com amigos que moram no exterior, descarregar *e-books*, ler jornais na versão *online* e me informar sobre os mais inusitados temas, entre outras muitas atividades.

A rede mundial de computadores: Internet

Até chegarmos neste ponto, muito aconteceu em um período de tempo relativamente curto. Uma nova forma de comunicação era já uma preocupação antiga do governo dos Estados Unidos, que foi preparando terreno para a criação de algo como a Internet, que ajudasse o governo norte-americano a providenciar às suas forças armadas uma comunicação em caso de ataque, no auge da Guerra Fria. Foi idealizado um modelo de troca e compartilhamento de informações que permitisse a descentralização destas, de forma que se o Pentágono fosse atingido, ali elas não seriam perdidas. Surgiu a Arpanet, criada pela Advanced Research Projects Agency [Agência de Projetos de Pesquisa Avançada] (ARPA).

A Arpanet funcionava com um sistema de "chaveamento de pacotes" como transmissão de dados em rede de computadores, permitindo a divisão da informação em partes e a remontagem da mensagem original ao final. Com a queda de tensão entre a antiga União Soviética e os Estados Unidos, já na década de 1970, e a consequente permissão do governo americano de que pesquisadores acadêmicos devenvolvessem estudos na área de defesa, entrando para a Arpanet, houve uma sobrecarga no sistema que foi obrigado a se dividir entre as localidades militares e as não militares: Milnet e Arpanet, respectivamente.

A partir daí, em um ambiente mais livre, a Internet poderia ser desenvolvida com a ajuda também de estudantes e aos poucos abrangendo maior número de pessoas interessadas. E, além de ser utilizada para fins militares, nas décadas de 1970 e 1980, também já era um importante meio de comunicação acadêmico, principalmente nos EUA, por meio da troca de ideias, mensagens e descobertas pela rede mundial.

Foi desenvolvido o Protocolo de Internet (*Internet Protocol*), um sistema que permitia que o tráfego de informações fosse encaminhado de uma rede para outra e todas as redes conectadas pelo endereço IP (a identidade de cada computador) na Internet se comunicassem para que pudessem trocar mensagens. Com a criação de *backbones* [espinha dorsal], que são poderosos computadores conectados por linhas que têm a capacidade de abarcar grandes fluxos de dados, puderam ser conectadas a eles redes menores, e assim constituir o que hoje é a Internet: uma grande rede de troca de informações sem um dono centralizado.

E foi somente no ano de 1990 que a Internet começou a chegar à população em geral. Nesse ano, o engenheiro inglês Tim Bernes-Lee desenvolveu a *World Wide Web*, permitindo a utilização de uma interface gráfica e a criação de *sites* mais dinâmicos e visualmente interessantes. Para facilitar a navegação pela Internet, surgiram os navegadores (*browsers*) Netscape Navigator, que foi o primeiro, em 1994, e o Internet Explorer, da gigante Microsoft. A Netscape posteriormente veio a criar o protocolo HyperText Transfer Protocol Secure (HTTPS), possibilitando o envio de dados criptografados para transações comercias pela Internet.

Hoje, o envio de dados é o ato mais básico que se pode fazer na Internet. E a capacidade de dados transmitidos aumentou com o passar do tempo, sendo possível enviar arquivos cada vez maiores gratuitamente, por meio dos super-servidores, como YouSendIt, Youshareit, RapidShare ou o SendSpace, e dados com até vários gigabytes (GB), hoje ainda dependendo do pagamento de taxas, além de ser possível compartilhar gratuitamente arquivos com diferentes usuários por pastas organizadas e armazenadas em um perfil pessoal pelo DropBox. O surgimento acelerado de provedores de acesso e portais de serviços *online* contribuiu para o crescimento do uso da Internet, que passou a ser utilizada por vários segmentos sociais, que já começavam a dominar ferramentas como *e-mail*, bate-papos, buscador para pesquisas etc.

No final dos anos 1990, o crescimento das empresas da Internet, como America Online (AOL) e *Amazon*, fez com que os mercados investissem desenfreadamente e acabassem gerando o que foi chamado de a "crise das ponto-com". Deu-se então uma série de quebras, fechamentos, compras e fusões no mundo da Internet e das telecomunicações, além de um grande buraco nas contas das empresas de capital de risco. Finalmente, o preço das ações destas empresas disparou quando foram lançadas na nova bolsa de valores Nasdaq, que criou um índice especial formado apenas por indústrias de tecnologia, mesmo que somente algumas poucas tivessem apresentado lucro.

Quando a AOL comprou a Time Warner por quase 200 bilhões de dólares em janeiro de 2000 deu-se o estopim e, em março deste mesmo ano, a bolha estourou. Assim, em outubro de 2000, o índice Nasdaq já havia acumulado uma queda de 78% e isto gerou uma redução de investimentos e a desaceleração da economia americana, vitimando em apenas três anos quase cinco mil empresas. Nesse período, o Brasil já atingia a casa dos milhões de usuários e muitos estavam a par das consequências desta crise.

A Internet finalmente no Brasil

Com apenas vinte anos completos que a Internet chegou ao Brasil já nos tornamos absolutamente cercados por ela. Tudo começou por aqui quando professores da Universidade de São Paulo (USP), em 1987, deram início a um projeto de formar uma rede nacional de computadores com fins acadêmicos e que pudesse também estabelecer contato com outras universidades no exterior.

Esse projeto, que recebeu o nome de Bitnet (que vem da expressão "because is time to network" [Porque é hora de conectar]) uniu a Fundação de Amparo à Pesquisa do Estado de São Paulo (Fapesp) ao Fermi National Accelerator Laboratory (Fermilab), um laboratório de pesquisa de Chicago, nos Estados Unidos, por meio de transferência de arquivos e *e-mails*. No Rio de Janeiro, por sua vez o Laboratório Nacional de Computação Científica também conseguiu acesso ao Bitnet e se conectou com a Universidade de Maryland. Até que em 1991, quando foi inaugurado o primeiro *backbone* brasileiro, este acesso foi liberado a órgãos do governo e instituições de pesquisa já com o nome de Internet.

No ano de 1992, alguns estados brasileiros passaram a desenvolver redes regionais que possibilitassem uma estrutura nacional para a comunicação de dados. Surgiu então, devido ao esforço de Betinho (Hebert de Souza) e do economista Carlos Alberto Afonso, a Alternex, o primeiro a oferecer serviços de Internet fora da comunidade acadêmica e operado pela iniciativa privada. E ainda nesse ano foi inaugurada a Rede Nacional de Pesquisa (RNP) (www.rnp.br/rnp), primeira rede de acesso à Internet no Brasil e que hoje integra cerca de seiscentas instituições de ensino e pesquisa no país, segundo dados do seu próprio *site*.

Já no ano seguinte foi feita a primeira conexão a longa distância, entre São Paulo e Porto Alegre, na velocidade de 64 kbps (quilobytes por segundo). Mas foi em 1995 que os Ministérios das Comunicações e da Ciência e Tecnologia lançaram uma portaria que liberou a comercialização de provedores de Internet. Dessa forma, um ano depois começaram as vendas de *modem* para acesso doméstico ainda por preços bastante elevados.

Alguns dos primeiros *sites* no Brasil foram o Cadê e o UOL (www.uol.com.br). Muitos ainda devem lembrar como este *site* de buscas reinava entre as pesquisas, em conjunto com o Altavista.

Nesses primórdios, a Internet chegava a ser dez vezes mais lenta até mesmo do que a Internet discada usada hoje em dia, ao passo que atualmente as conexões de banda larga atingem velocidades bem altas.

Nesse período, poucas pessoas tinham computadores em suas casas e muitas delas, como usavam a Internet discada e o resultado de navegar por horas vinha na conta do telefone, a grande massa dos usuários brasileiros acabava esperando até meia-noite ou os fins de semana para acessar a Internet para pagar apenas o valor de um pulso da chamada. A esta hora a briga era de quem poderia usar o computador primeiro.

Nada menos que um fenômeno: Google

Nesse meio tempo, surgiram o Internet Explorer, o Firefox, o revolucionário Google (www.google.com), a Wikipedia, os *chats* [bate-papos] e também os *sites* de relacionamento, que acabaram por popularizar o termo "redes sociais". Primeiro lugar disparado no *ranking* de *sites* mais visitados no mundo, medido pelo serviço Alexa Internet Inc. (vinculado à Amazon), o Google, criado em 1998, foi de fato uma revolução no sistema de buscas pela Internet.

Não seria exagero dizer que o Google foi um divisor de águas na forma como a Internet passou a ser fundamental na vida das pessoas. Encontrar qualquer informação, confirmar dados, encontrar pessoas e referências, lançar dúvidas e encontrar respostas. Tudo isso passou a ser possível, prático e rápido depois do Google, que mantém atualizado um mecanismo de buscas que reúne uma quantidade gigantesca de informação, com critérios próprios de classificação de importância dos *sites* disponíveis na rede.

Encontrar a versão *online* de um livro que não poderia ser encontrado em muitas das bibliotecas de algumas cidades brasileiras, ou até mesmo alguns livros na versão original estrangeira é possível por causa do Google. Afinal, o Google não é responsável por todas as maravilhas disponíveis na Internet, mas muitas delas de certa forma dependem dele, pois se perderiam em meio à quantidade de informação, muitas consideradas lixo eletrônico, se não fosse um eficiente método de busca *online*.

O Google não foi o pioneiro dos *sites* de busca, mas é o que mais investiu em uma plataforma que garanta a resposta mais aproximada do que o usuário pretende encontrar na Internet de acordo com as palavras-chave utilizadas. Existem ferramentas de procura muito boas na Internet, como o Altavista, o AlltheWeb, o Yahoo e o MSN, no entanto, nenhum deles consegue ter a amplitude do Google.

Nascido a partir das pesquisas de dois estudantes de doutorado de Ciência da computação da Universidade de Stanford, o russo Sergey Brin, de 23 anos, e o americano Larry Page, de 24 anos, o Google foi fundado em 1998. A empresa, que inicialmente se chamou Google Inc., foi criada a partir de aperfeiçoamentos feitos em um sistema criado pelos próprios estudantes, em 1995, chamado *BackRub*.

O nome Google é um trocadilho em inglês que faz alusão ao termo Googol, usado pelo matemático Milton Sirotta para representar o número "1" seguido de cem zeros (ou dez elevado a cem). Para o Google, este nome reflete a missão da empresa de organizar a enorme quantidade de informações disponíveis na Internet.

Uma das razões para o sistema do Google ser mais eficiente do que o dos demais é a presença na rede do *crawler Googlebot*, uma espécie de "robô" que rastreia e atualiza diariamente as informações contidas nos diversos *sites*. Apesar de outros *sites* de busca também possuírem este sistema de rastreamento, não alcançam a mesma eficácia.

Duas particularidades são importantes no Google: uma delas é um mecanismo que recebeu o nome de PageRank, que classifica os *sites* de acordo com uma série de "regras" que indicam o grau de importância dele para o Google. Isso faz com que nas buscas o *site* galgue espaços e apareça nas primeiras colocações, usando, entre outras razões, uma estrutura de *links* da rede, para saber quais *sites* estão ganhando relevância entre usuários. A outra é um recurso chamado "em *cache*". Com ele, as palavras buscadas são rastreadas inclusive em páginas que podem já nem existir, mas que uma vez rastreadas pelo *Googlebot*, foram salvas e armazenadas pelo Google.

Os recursos do Google são tantos que uma lista extensa se daria abaixo se fôssemos citar todas. Entre as principais estão o Gtalk, um comunicador instantâneo, Google *news*, quando se pode escolher um termo de interesse e pedir que o Google notifique diariamente todas as inserções de notícias que incluem esse termo e, assim, um aviso com os devidos *links* é enviado por e-mail e nem é preciso procurar um por um. E o Google Friend Connect, que possibilita a qualquer pessoa com um conhecimento básico em HTML criar inclusive uma rede social diretamente em seu *site*.

Serviços como o AdSense, o plano de publicidade que se tornou fonte de receita a donos de *sites* ou *blogs* acaba sendo um vínculo ao buscador. Os chamados *links* patrocinados aparecem ao lado e acima dos resultados de busca, sendo escolhidos de acordo com as palavras-chave pesquisadas, gerando receita para o *site* a cada vez que o anúncio é clicado. Assim, a vantagem do Google para os usuários é que a empresa cresceu tanto que facilitou serviços como os de *e-mail* como o Gmail, com funções de busca interna nos *e-mails* e o Orkut, como a rede de relacionamento que mais fez sucesso entre os brasileiros.

Dominado pelo Brasil: Orkut

Não há dúvidas de que a chegada do Orkut ao Brasil foi um marco na forma de os brasileiros se relacionarem pela Internet. O *site* que foi criado pelo projetista turco do Google, Orkut Büyükkokten, fez um sucesso tão rápido e inesperado por aqui que em pouco tempo os brasileiros já significavam mais de 60% de seus usuários. O *site* apenas permitia a entrada de pessoas convidadas por outras pré-cadastradas; com relação a isso, sua ideia foi construir uma rede social a partir dos laços já verificados pelos indivíduos na vida não virtual.

Apesar de, a princípio, quando foi criado em janeiro de 2004, o Orkut ter tido como alvo principal o público americano, o êxito que teve no Brasil fez até mesmo com que em 2008 a operação mundial do *site* passasse a ser realizada pelo Google Brasil, pois o país já contava com 40 milhões de usuários. Quando em abril de 2004 o *site* ganhou a versão em português, já estava começando a febre. No mês seguinte, consigo lembrar que eu já começava a receber diversos convites para ingressar na rede e enfim resolvi me render em agosto desse mesmo ano e fiz meu perfil no Orkut.

Sem dúvida, o Orkut foi um fenômeno interessante no Brasil. Tantos brasileiros já tinham feito perfil que era possível encontrar aquele amigo de infância com quem já tinha perdido contato ou todos os membros de uma família cada um com seu Orkut. Montei até o perfil do meu cachorro, que por sua vez fez muitos amigos pela Internet, entre eles a cadela com quem teve filhotes. Os recursos do *site* foram aumentando e as pessoas construíam as "comunidades" que expressavam seus gostos por atividades, comidas, pessoas etc. Seus amigos poderiam deixar *testimonials* [depoimentos] sobre o que achavam uns dos outros e isso poderia ser quase uma propaganda ao seu favor.

Com toda essa exposição das pessoas em seus perfis, ocorreram duas consequências interessantes. A primeira delas foram os departamentos de Recursos Humanos das empresas que viram no *site* uma ferramenta de grande ajuda no recrutamento e seleção. Eles começaram a checar pelo Orkut o perfil do candidato a determinada vaga na companhia. Como é um espaço onde não apenas cada um mostra seus gostos pessoais, mas ainda tem os os comentários dos amigos sobre aquela pessoa, é uma excelente forma de avaliar se o candidato se encaixa ou não no esperado pela organização.

A segunda consequência foi que os próprios usuários começaram a se sentir muito expostos com a quantidade de informação, mensagens, fotos, vídeos, que estavam visíveis para qualquer pessoa sobre suas vidas. Começaram então a apagar os *scraps* [recados]. E o Orkut, diante desse comportamento, permitiu o bloqueio de fotos, *scrapbook* [livro de recados] e outras informações para quem não era amigo do usuário.

Como é possível ver no *site* os últimos usuários que visitaram seu perfil, ficou claro para a comunidade que não necessariamente seus amigos entravam no seu Orkut, mas desconhecidos também. Isso denunciou um movimento de certa forma generalizado de exercer a curiosidade sobre a vida do outro, na rede de relacionamento. Um comportamento alimenta o outro: enquanto há o desejo de exibir fatos de sua vida pessoal e seus gostos particulares há também o desejo de descobrir mais sobre aquelas pessoas anônimas que têm agora sua vida pública.

As proporções de crescimento do Orkut se tornaram tão amplas que passou a ser comum ao se conhecer ou reencontrar alguém em seu convívio fazer a pergunta quase obrigatória "você tem Orkut?" para manter contato. E procurar novos amigos, acessar os perfis para ver fotos, ler frases, ver quem são os amigos dos seus amigos passaram a ser atividades que poderiam levar horas para muitas pessoas. Dando-se conta desse movimento dos curiosos, o próprio *site* resolveu dar uma ajudinha e foi sofrendo alterações. Em 2009, as atualizações de fotos e ingresso na rede de outros usuários passaram a ser apresentados na página principal de cada um dos contatos temporariamente.

O Orkut ainda levou seus usuários a se comunicarem por afinidade. Isso aconteceu com o incremento das "comunidades", criadas pelos próprios usuários e aderidas por outros que se identificavam com o tema. Comunidades onde os usuários podem trocar músicas, partituras, dicas sobre um autor, informações sobre celebridades e até mesmo comunidades sobre os próprios usuários que convidavam seus amigos para participar e poderiam checar se eram populares ou não. A partir de então, jovens começaram a se conhecer e a se relacionar, virtualmente, por meio das comunidades, e chegavam a iniciar uma amizade na vida real.

Em 16 de janeiro de 2007, mais um fato interessante envolveu o Orkut e mostrou o quão elevado era o poder do *site* entre os usuários no Brasil. A comunidade "Eu AMO Floripa" foi alvo da primeira transação comercial de que se teve notícia na rede aqui no país, quando foi "adquirida" pela Rede Brasil Sul (RBS), um grupo de mídia que atua na região sul, que pagou 2 mil reais a um jovem para se tornar mediador de seu fórum de discussão. A página da comunidade foi utilizada para promover o festival de verão Floripa Tem, e seu nome foi alterado, logo em seguida, para Eu Amo Floripa! Floripa Tem!.

Uma das últimas significativas alterações no Orkut foi ter dentro do *site* o aplicativo do Google Talk, o bate-papo que faz parte dos produtos Google e que também está presente no Gmail. Definitivamente, os *chats* foram decisivos na forma de se comunicar pela Internet e foram das primeiras ferramentas que atraíram os jovens ao mundo virtual. Hoje, *chats* se tornaram tão importantes e fundamentais na comunicação instantânea que estão presentes em forma de aplicativo em muitos outros *sites* de relacionamento como o Facebook (www.facebook.com) e o Livemocha (www.livemocha.com).

Conversinhas: comunicadores instantâneos e bate-papos (*chats*)

Atualmente, os comunicadores instantâneos deixaram de ser apenas uma diversão entre jovens que despendem horas conversando com amigos ou desconhecidos para serem necessários até mesmo como forma de trabalho. Muitos profissionais que trabalham de maneira integrada utilizam essa ferramenta como forma de comunicação mais rápida e, de certa maneira, documentada por ser escrita. Mas não se pode hoje falar dos comunicadores sem falar de como tudo isso começou, com os pioneiros ICQ e mIRC.

Quando surgiu o ICQ, em novembro de 1996, os jovens israelitas Yair Goldfinger, Arik Vardi, Sefi Vigiser e Amnon Amir tinham como objetivo trazer uma nova forma de comunicação pela Internet. Eles fundaram a Mirabilis e criaram o ICQ (acrônimo com base na pronúncia de "I seek you" [Eu procuro você]) inicialmente para os usuários do sistema operacional Windows, como um *software* que propiciava a comunicação instantânea entre eles.

Em 1998, a Time Warner Inc., anteriormente ligada à AOL, adquiriu a Mirabilis por 407 milhões de dólares, englobando o serviço e o compatibilizando em 2000, com o mensageiro instantâneo AOL Instant Messeger (AIM), possibilitando assim que os usuários do ICQ pudessem adicionar e compartilhar recursos. Nesse período, a Internet ainda era um artigo extremamente restrito entre os brasileiros e pouquíssimos tinham acesso à rede em suas residências, mas quem começava a acessar com mais frequência geralmente aderia à novidade.

Outro precussor foi o mIRC, criado em 1995 para o Windows, foi desenvolvido por Khaled Mardam-Bey com a finalidade principal de ser um programa que utilizava o protocolo IRC de conversação instantânea. Apesar de seu caráter limitado, os recursos são úteis e ele se tornou muito popular, tendo ultrapassado a marca de 150 milhões de *downloads* em 2008.

Quando a Microsoft lançou, em julho de 1999, o MSN Messenger logo ele se popularizou entre os brasileiros e se tornou um dos *softwares* mais baixados. Em 2009, quando completou dez anos de existência, o MSN já contava com mais de 323 milhões de usuários em todo o mundo. Aprimorado durante os últimos anos, hoje o MSN oferece comunicação *voip* de boa qualidade, além de serviço de videoconferência e compartilhamento de arquivos, entre outros. Em sua mais recente versão, já fundido com o Windows Messenger, tornou-se Windows Live Messenger.

Hoje, outros *sites* como o Meebo, Ebuddy ou IloveIM são usados para entrar no MSN. Mesmo entrando no Messenger por meio de outros *sites*, a lista de amigos e as configurações permanecem. Um forte concorrente do Windows Messenger é o Yahoo Messenger, lançado em 1998 e já está em sua versão de número 10. Estes dois *softwares* tiveram mais êxito também por estarem integrados aos *e-mails* respectivamente do Hotmail e do Yahoo.

Esse serviço se tornou tão fundamental entre os usuários de Internet que hoje está vinculado a *e-mails*, como o Gmail e os próprios *sites* de relacionamento, como o Orkut e o Facebook, que em suas páginas possibilitam navegação e ao mesmo tempo a conversação em pequenas janelas. Outros comunicadores instantâneos usados mundialmente são o QQ, Qnext, NET Messenger Service, entre outros.

Esta mesma tecnologia de conversa instantânea está presente nos *chats* [bate-papos]. Diversos *sites* de bate-papo possuem salas com usuários 24 horas por dia, que mantêm conversas sobre os mais diversos temas, em boa parte das vezes com desconhecidos. Com a dinâmica um pouco diferente da dos serviços de comunicadores instantâneos, nestes *sites*, os usuários muitas vezes falam com várias pessoas ao mesmo tempo e com muitas pessoas desconhecidas, além de procurarem parceiros de conversa de acordo com temas.

Antigamente, este serviço possibilitava apenas a troca de mensagens escritas, mas hoje já é possível inclusive manter uma conversa privada e exibir imagens por *webcam*. O portal UOL, que parece ter sido o pioneiro no Brasil com este serviço em meados dos anos 1990, define-se em seu próprio *site* como "o maior serviço de *chat* em língua portuguesa do mundo, com 6.600 salas, divididas por temas, como sexo, encontros, cidades etc.". O Terra (www.terra.com.br), outro dos mais antigos, é também um portal de informação e entretenimento com um grande número de usuários em seus *chats*, inclusive muito forte entre brasileiros que moram no exterior.

As telecomunicações contra-atacam: Skype

A necessidade que os usuários de *chats* e comunicadores instantâneos tinham de se comunicar por voz em tempo real com qualquer outro usuário no mundo sem pagar os custos de uma ligação telefônica, mas com a qualidade desta ligação, era evidente. Pensando nisso e em como uma invenção desse tipo poderia trazer além de lucro um benefício imenso à comunicação, o sueco Niklas Zennstrom e o dinamarquês Janus Friis aproveitaram seus conhecimentos na tecnologia VoIP (*Voice over Internet Protocol* [Voz sobre Protocolo de Internet]) e criaram o Skype (www.skype.com).

Acreditando no projeto, os dois largaram o emprego e ficaram encerrados em casa aprimorando o que seria o grande sucesso de comunicação instantânea de voz pela Internet até hoje. Consigo lembrar que em 2003, no seu ano de lançamento e quando comecei a usar o Skype, as chamadas ainda não eram muito boas, com alguns ruídos, cortes e um atraso de tempo, também por conta da conexão mais lenta, mas já em 2008 a chamada tinha tanta ou mais qualidade que uma ligação à longa distância pelo telefone convencional.

Em setembro de 2005, o Skype foi vendido para a eBay por 2,6 bilhões de dólares. No ano seguinte foi introduzida a versão 3.0 para Windows, que continha novidades como o Skypecast e os *chats* públicos, que permitiam a criação, a moderação, ou a participação em *chats* entre mais de duas pessoas. Hoje seus recursos estão disponíveis em cerca de trinta idiomas e é usado em quase todos os países, por mais de 520 milhões de usuários pelo mundo. Sua renda é gerada com os serviços que permitem comunicação de e para telefones fixos e celulares, caixa de mensagens, transferência de chamadas e personalização, incluindo tons de chamada e avatares, além de parcerias com empresas de *hardware* e *software*. Os créditos podem ser comprados por cartão de crédito internacional e boleto bancário. Quando este capítulo estava sendo revisado, havia 26.469.394 usuários *online*.

Uma real rede de trocas *online*: Napster

Este programa de compartilhamento de música, criado em 1999 por Shawn Fanning, apresentou o que veio a ser um sistema prático e essencial na troca de arquivos: o p2p, ou *peer-to-peer* [par a par]. Com ele, tornou-se possível a comunicação entre vários computadores que compartilhavam arquivos ao mesmo tempo. O Napster foi o pioneiro em compartilhamento de arquivos, principalmente de música, a causar tumulto e brigas judiciais iniciadas pela indústria fonográfica, pois o programa era principalmente utilizado para que os usuários do mundo inteiro pudessem "baixar" músicas no formato MP3. Isso porque esta era exatamente a ideia de Fanning: facilitar o *download* de músicas pela Internet por meio de compartilhamento de arquivos.

Com um caminho recheado de percalços em um momento de afronta a poderosas gravadoras, o Napster sofreu acusações de muitas delas e repúdio de inúmeras bandas, mas o número de usuários só aumentava, tendo atingido o pico de 8 milhões de usuários trocando arquivos em janeiro de 2001. Artistas protestaram e entraram com processos, fazendo *sites* contra o Napster e depois de tantas disputas judiciais venceu o direito de os usuários de Internet adquirirem livremente suas músicas. Mas, apesar disso, o serviço foi encerrado apenas dois meses depois.

As gravadoras perceberam que com relação ao comportamento do usuário era uma causa perdida e que muitos deles baixavam músicas e ainda compravam CDs, pois eram consumidores que realmente gostavam de música e queriam produtos originais, mas também queriam o direito de escutar antes de comprar um CD e que outros também pudessem ouvir. Por isso, o Napster teve um grande papel dentro dessa conquista.

Segundo artigo da Wikipedia, os servidores do Napster foram desligados depois de uma disputa judicial entre seus operadores e a Recording Industry Association of America (RIAA) e, em dezembro de 2002, comprado pelo fabricante de *softwares* para gravação de CD e DVD, Roxio, passou a vender as músicas arquivadas aos usuários. Os poderosos da indústria fonográfica, então, acusaram o Napster de violar a Lei de *Copyright* por estar ajudando a disseminar ilegalmente arquivos protegidos pela lei.

Ajudando para ser ajudado: Livemocha e CouchSurfing

Os *sites* de relacionamento também são importantes instrumentos utilizados como troca de informação. Por isso o sucesso de *sites* como o Livemocha (www.livemocha.com) e o CouchSurfing (www.couchsurfing.com), que funcionam como um serviço que os próprios usuários prestam uns aos outros de forma gratuita. Dois serviços totalmente distintos, mas com uma forte ligação. O Livemocha é um *site* no qual os usuários têm como finalidade aprender idiomas. Nele, os membros podem se conhecer e trocar além de correção de exercícios e dicas sobre as línguas faladas por nativos, experiência cultural. Já no CouchSurfing, o intuito é contatar pessoas que possam hospedar quem está viajando. Para quem hospeda, a vantagem, além de ter um possível *host* no dia em que for visitar o local de moradia do seu hóspede, é praticar uma outra língua e conhecer mais sobre sua cultura.

Os dois *sites*, bem como outros tantos que compartilham inclusive dos mesmos objetivos, mas que não conseguiram tantos adeptos, estão na mão única iniciada com a globalização. Se hoje é mais fácil viajar pelo mundo e aprender sobre novos povos e visitar novos destinos, também é mais cobrado que os jovens, seja onde for, falem mais de uma ou duas línguas, conheçam sobre mais temas e países, aprendam com conhecimento de outras culturas e o profissional que teve experiência fora do país é valorizado.

O CouchSurfing foi criado para aproximar pessoas do mundo todo, gerando confiança para que pudessem receber outros membros da comunidade em suas casas quando estas pessoas viajassem para o local. Com o *slogan* "Participate in creating a better world, one couch at a time" [Participe na criação de um mundo melhor. Um sofá de cada vez], o novo CouchSurfing 2.0 recomeçou em julho de 2006 suas operações, após um problema quando perdeu parte de seu banco de dados iniciado em 2003. Em março de 2009, completou seu um milhão de usuários e se fortalece, oferecendo uma plataforma onde as pessoas podem se conhecer para hospedar umas às outras.

Os membros também fazem seu perfil, aceitam amigos e buscam formas de mostrar que merecem a confiança dos outros usuários, como depoimentos de quem já os conheceu, hospedou ou foi hospedado por eles. Mais que um serviço de hospitalidade é uma forma de conhecer outras culturas e línguas. A comunidade encoraja seus membros a serem voluntários no projeto e a serem mais ativos na comunidade, que por vezes, organizam encontros em determinados lugares para os participantes locais.

Como tudo que vem da Internet ainda soa inseguro para muitas pessoas, principalmente um projeto como este, que incentiva que alguém receba e hospede um desconhecido em sua casa, o *site* também procura trazer segurança verificando seus membros de três formas: checando opcionalmente o nome com um cartão de crédito, recebendo "certificado" de confiança por um usuário já certificado com *status* criados pelo próprio *site* e por meio das referências de outros membros que o venham a conhecer ou ser seus anfitriões.

Com a marca de um milhão de membros conquistados em setembro de 2008, a rede global do Livemocha, por sua vez, cresce a forte ritmo e é a maior comunidade de aprendizagem de idiomas *online* do mundo. Lançado em setembro de 2007, com sede em Seatle, Estados Unidos, o Livemocha é composto de associados de duzentos países, e tem forte presença de países em desenvolvimento, onde o crescimento econômico acelerado intensificou a demanda pelo aprendizado de inglês, entre outros idiomas.

Possibilitando gratuitamente a prática de exercícios de leitura, escrita e oralidade em diversas línguas, os membros enviam seus exercícios feitos para serem corrigidos por outros membros da comunidade e, como em outros *sites* de relacionamento, você aceita ou não quem serão seus amigos e o que estará presente no seu perfil. Qualquer um pode enviar exemplos de exercícios para que sejam incluídos em cursos ou se cadastrar como professor. O *site* possibilita ainda *chat* com vídeo entre usuários e a tradução dos exercícios, além de disponibilizar cursos adicionais pagos, entre outros recursos.

Segundo o diretor executivo do Livemocha, Shirish Nadkarni, "A necessidade de comunicação para superar barreiras culturais e globais está se tornando cada vez mais necessária para os negócios e a vida cotidiana". Unindo isso ao fato de que muitos não têm acesso a boas escolas de idiomas por conta dos altos preços e à possibilidade de adquirir fluência em uma língua conversando com falantes nativos, fica fácil entender o rápido sucesso do Livemocha[1].

O profissional nas redes sociais: LinkedIn

Com a preocupação frequente em estar antenado, atualizado, presente na Internet, conhecendo mais idiomas, mais culturas, mais lugares, mais pessoas, mais teorias, mais novidades, os jovens profissionais e mesmo os que não cresceram na era virtual vêm-se esforçando e se rendendo aos novos processos e comunicações que surgem a cada momento na Internet.

Ter bons contatos e saber fazer um bom *networking* faz hoje toda a diferença para qualquer profissional. Construir uma rede de relacionamentos profissional foi uma necessidade para quem já vinha fazendo *offline* sua carteira de contatos. Desde talvez o primeiro empregado do mundo, se fosse possível ter esta referência, sem dúvida, ter "o" contato já era fundamental. Seja onde for, uma reputação ou um favor dependem de referências de outras pessoas e o que o LinkedIn (www.linkedin.com) fez foi nada mais que abrir um espaço para que mais profissionais espalhados pelo mundo pudessem se conhecer, ver referências uns dos outros e trocar experiências e oportunidades. Também é possível receber recomendação de ex-colegas ou chefes no perfil e às empresas há a chance de pagar por uma conta *plus* de busca por profissionais.

Lançado em maio de 2003, o LikedIn já conectava mais de 35 milhões de profissionais em 2008. A rede de relacionamentos está bastante orientada a negócios e é uma ferramenta útil na hora de

---

[1] Comentário presente no *e-mail* de comemoração de 1 milhão de usuários enviado a todos os membros do *site*.

buscar emprego ou, no caso das empresas, pesquisar por perfis de possíveis futuros contratados. O objetivo é que as pessoas possam formar o que o *site* chama de conexões, que são contatos que podem vir a ser interessantes ou servir para formar novas conexões.

Este não é o único *site* usado como rede de relacionamento para negócios. Outros exemplos são os Ziggs, Doostang, XING, Salesconx, Plaxo, Yahoo! Kickstart, além de *sites* usados para buscar empregos e outras páginas de relacionamento onde o perfil também é usado por empresas para rastrear possíveis candidatos que se encaixem em um perfil procurado, mas sem dúvida o LinkedIn está crescendo e ganhando maior reputação entre muitos profissionais e *headhunters*.

Um muro à sua frente: Facebook

Um dos *sites* de relacionamento que há menos tempo vem conquistando os brasileiros e servindo também de base para empresas que procuram ver a vida 2.0 de seus possíveis empregados, é o Facebook. Fundado em 2004 pelo ex-estudante de Harvard, Mark Zuckerberg, relacionado em 2008 pela Forbes como o mais jovem milionário do mundo, com patrimônio calculado em mais de 1,5 bilhão de dólares, o Facebook só saiu do círculo acadêmico de Harvard, MIT e Universidade de Boston em fevereiro de 2006. Mas foi apenas em setembro deste mesmo ano que passou a aceitar usuários de toda parte.

O Facebook, que dois anos depois, em agosto de 2009, já contava com mais de 250 milhões de membros, teve um crescimento vertiginoso e chegou a ter mais fotos publicadas que *sites* voltados a esta finalidade, como o Flickr. Tendo se auto estimado no valor de dois bilhões de dólares, o Facebook chegou a recusar em 2006 uma oferta de venda de 750 milhões de dólares. Os investimentos continuaram e mais recursos foram adicionados ao *site*, como o de uma parceria com a iTunes, no qual membros da *Apple Students* receberiam gratuitamente 25 sons de amostra por semana até 30 de setembro. A promoção tinha como objetivo deixar os estudantes mais entusiasmados e familiarizados com os serviços. Logo após, o Facebook introduziu o *Facebook Notes*, um recurso de *blog* com sistema de *tags*, imagens embutidas, entre outros recursos, também permitindo a importação dos serviços de *blogs* Blogger, Xanga e LiveJournal.

Em maio de 2007, o Facebook introduziu o Facebook Marketplace, permitindo aos usuários publicar classificados gratuitamente dentro das seguintes categorias: For Sale [à venda], Housing [imóveis], Jobs [empregos] e Other [outros]. Em outubro de 2007, o Facebook já estava sendo avaliado no mercado de capitais por 15 bilhões de dólares e vendeu 1,6% de suas ações para a Microsoft por 240 milhões de dólares.

Em 7 de novembro de 2007, o Facebook anunciou o Facebook Ads, uma iniciativa de *marketing* que inclui um sistema de *sites* parceiros para permitir aos usuários compartilhar informações sobre suas atividades com amigos no Facebook (Facebook Beacon). A possibilidade de empresas hospedarem páginas no Facebook de várias marcas, produtos e serviços (Facebook Pages), um sistema de veiculação de anúncios baseado no perfil do usuário e de seus amigos e em dados de atividade (Facebook Social Ads) e um serviço de fornecimento de publicidade com empresas que disponibilizam dados analíticos incluindo métricas de desempenho (Facebook Insights) atraíram ainda mais usuários e visibilidade ao *site*.

A interface com o usuário funciona como um grande mural no qual tudo fica visível para seus amigos e cada pessoa também pode escrever ou fazer indicações de vídeos, fotos e outras ações nos murais dos amigos. Mas para quem deseja também estão disponíveis as mensagens privadas, além de hoje já poder limitar quem pode ver seus *posts*, fotos e informações pessoais. Além de álbum de fotos, que permitem comentários e verificar ainda quais outros usuários têm fotos com você. É sem dúvida um ambiente muito mais dinâmico que outros *sites* de relacionamento, pois as postagens são muitas e rapidamente saem da página principal por se acumularem as mais recentes sobre as mais antigas de todos seus amigos no mural inicial.

Outros grandes atrativos são a quantidade de aplicativos, como jogos e *quiz* sobre os mais diversos temas em vários idiomas, além de convites para participação em eventos, postar vídeos e *taggear* (etiquetar: sinalizar que ele está ou deve ver o vídeo ou imagem) seus amigos nesses vídeos. Esse recurso surgiu por causa da concorrência com o MySpace (www.myspace.com). Tudo isto faz com que o Facebook venha mantendo-se no segundo lugar no *Ranking Alexa* dos *sites* mais acessados.

Segundo dados do *Comscore*, de 2010, já passava dos 500 milhões de usuários e ainda cresce cerca de 600 mil usuários por dia. No Brasil, vem rapidamente conseguindo mais adeptos, que inicialmente se tornavam membros para conversar com amigos do exterior, já que a rede era famosa mundialmente, mas por aqui ainda desconhecida de muitos. E desde 2009, quando ainda tinha tímidos 1,3 milhão de brasileiros, já começou a fazer mais sucesso no país, tanto que seu maior concorrente aqui, o forte Orkut, começou a se preocupar com a concorrência e adicionar algumas funções que não estavam disponíveis, como bate-papo *online* e comentários em fotos de amigos.

Internet feita por todos: Web 2.0 e linguagem wiki

Fazer parte, e principalmente se sentir parte da Internet é o que todos hoje podem e quem usa os recursos oferecidos pela rede de criação e interação, sem dúvida, quer. Nenhuma destas redes sociais existiria se cada usuário não quisesse expor no mínimo um pouco de quem ele é e quem pertence à sua rede de relacionamentos, virtuais ou não.

Nascido em 2004, a partir de uma conferência entre as empresas O'Reilly e Media Live International, o termo Web 2.0 surge para designar uma segunda geração de comunidades e serviços, tendo como conceito a *"web* como plataforma", envolvendo *wikis*, aplicativos baseados em "folksonomia", redes sociais e Tecnologia da Informação.

A folksonomia é justamente uma maneira de indexar informação. O termo, criado por Thomas Vander Wall, é uma referência à taxonomia, mas com a inclusão do prefixo *folks*, que quer dizer "pessoas", em inglês, exatamente para indicar sua filosofia de construção a partir da linguagem natural das pessoas que a utilizam. Ao contrário da taxonomia, que classifica as devidas informações, a folksonomia permite que os próprios internautas categorizem as informações que lhes interessam por meio de palavras-chave, que seriam as *tags* [marcadores]. O primeiro *site* a usar a folksonomia foi o Del.icio.us, seguido pelo Flickr (www.flickr.com) e pelo YouTube (www.youtube.com).

Este parece ter sido um movimento natural do advento da tecnologia somado à demanda por informação dos usuários da Internet e da ideia de alguns pesquisadores que conseguiram colocar em prática o que se tornou um grande celeiro comum, sem dono e ao mesmo tempo, de todos. Permitir que várias pessoas possam contribuir com informações que sejam de seu domínio não apenas possibilita uma ajuda a quem necessita desse conhecimento como descentraliza o poder do controle de um *site* em uma única mão, o que seria inviável no caso de alguns *sites* com um volume muito grande de informação, como é o caso da Wikipedia, a enciclopédia livre.

Além das redes sociais e dos *blogs*, a Wikipedia é o caso mais forte e contundente para exemplificar e explicar o que acontece na Web 2.0[2]. Quando um tema é de interesse da comunidade, naturalmente surgem outros conteúdos relacionados ao assunto e as *tags* ganham importância e destaque sem a necessidade de um administrador para o *site*. É a comunidade de internautas quem constrói essa Internet.

O termo 2.0 não significa uma atualização da *web*, mas uma mudança natural de paradigmas, comportamentos e atitudes em relação à forma de conviver com a *web*, que fizeram dela um grande espaço de interação onde estão presentes os mais diversos e distintos interesses, línguas, tipos etc.

Na Web 2.0, os programas são abertos. Isso quer dizer que alguém pode utilizar uma parte do programa para fazer outro programa. E uma particularidade, considerada uma das principais regras da Web 2.0, por O'Reilly, que interfere também na programação, é o que ele chamou de "beta perpétuo". Isto significa que em vez de lançarem novos programas a todo instante, os programas devem ter um compromisso com os usuários de estarem em constante melhoramento, e assim, os já existentes são corrigidos, alterados e aprimorados, e é o próprio usuário que participa deste

---

[2] Ver figura no anexo – Mapa de Noções, criado por Tim O'Reilly, em seu artigo "O que é Web 2.0?".

processo oferecendo sugestões, indicando erros e aproveitando as consequentes melhorias. Dessa forma, no lugar de grandes servidores que provêm uma enorme quantidade de arquivos, na Web 2.0 existem as redes P2P (*peer-to-peer* ou par-a-par), nas quais cada usuário é um servidor de arquivos e os arquivos são trocados diretamente entre eles.

O'Reilly considerou ainda outros três aspectos fundamentais para caracterizar a Web 2.0. Um deles foi a chamada "cauda longa", uma grande massa de pequenos *sites* que acaba tendo o que ele considera um poder coletivo por constituir a maior parte do conteúdo da Internet. Outro aspecto seria o de haver pequenas "peças levemente ligadas", formando uma *web* como componentes, pois é a participação dos usuários que traz a importância do que passa a ser considerado importante. E um terceiro ponto é o de um *software* ser cada vez melhor quanto mais usado pelas pessoas, pois elas mesmas o aprimorariam. Segundo O'Reilly (2006):

> Web 2.0 é a mudança para uma Internet como plataforma, e um entendimento das regras para obter sucesso nesta nova plataforma. Entre outras, a regra mais importante é desenvolver aplicativos que aproveitem os efeitos de rede para se tornarem melhores quanto mais são usados pelas pessoas, aproveitando a inteligência coletiva. (*online*)

O termo ainda é criticado por muitos especialistas que consideram que muitas das características consideradas da Web 2.0 na realidade já existiam antes do termo e que ele seria um golpe de *marketing*, já que o ambiente digital sempre apresentou interatividade. Segundo alguns, um melhor termo seria *webware*, relacionando os aplicativos da Internet aos *softwares online*. E, para muitos, o termo dá margem a falsas interpretações por aparentar uma segunda geração na *web*, quando não se delimita bem uma primeira e quando virá a terceira e se ela se chamará Web 3.0, fato que o próprio Tim considera que deva haver uma forte ruptura para que receba essa designação.

Portanto, apesar de considerá-lo de certa forma reducionista, visto que algumas mudanças foram surgindo gradualmente de acordo com a demanda natural de usuários e novas ofertas tecnológicas, vamos aqui considerar o termo, até mesmo por conta da sua amplitude e grande difusão e porque é justamente o comportamento de participação e interação mais profundo que vamos analisar com mais empenho no próximo capítulo. Até porque acredito que o que O'Reilly quis fortalecer com seu termo foi justamente o crescente movimento de colaboração humana que começava então a se fazer presente e tomar força dentro da Internet. Quando digo que a Wikipedia é o melhor exemplo disso, é porque qualquer um tem acesso à edição do conteúdo do *site*. Qualquer um mesmo, não interessa se é uma criança, um PhD. ou um trabalhador seja de que ramo for.

Assim, as pesquisas dos usuários de Internet em qualquer *site* de buscas que deixam hoje a Wikipedia como um dos principais *links* existentes para qualquer tema buscado tem uma forte razão de ser: a grande quantidade de informação presente em várias línguas foi construída por milhões de pessoas gratuitamente. Se não fosse dessa forma, dificilmente um *site* teria conseguido reunir tantos temas, com tantas *tags* e em tantos idiomas.

Por ser uma enciclopédia, necessariamente a informação deve ser precisa e o fato de poder receber a colaboração de "qualquer um" trouxe muita desconfiança a muita gente nos primeiros anos. Mas da mesma forma que qualquer um pode escrever, outros usuários que colaboram com frequência e já receberam *status* de editores para determinados temas, têm uma função a mais de monitorar, e recebem uma notificação via *e-mail* caso o texto seja modificado, portanto a tendência é realmente de uma informação correta.

Em 2005, a revista científica *Nature* fez uma comparação entre 42 artigos da Wikipedia e da conceituada Enciclopédia Britannica. Os cientistas que participaram da pesquisa identificaram 162 erros na primeira e 123 na segunda. Ou seja, uma das fontes mais confiáveis de informação não tinha tantos erros a menos que uma nova fonte que estava ganhando a desconfiança de muitos.

A Wikipedia, que foi lançada efetivamente em 15 de janeiro de 2001, tem como objetivo reunir as informações de todo o mundo em um único lugar, constituindo uma enciclopédia virtual. A princípio, criado para alimentar o projeto, hoje arquivado, da *Nupedia* (escrito por especialistas), a enciclopédia adquiriu o termo e a filosofia *wiki* a partir de uma sugestão de Jeremy Rosenfeld, da Bomis, uma ponto-com, a Jimmy Wales, fundador do projeto, e, Larry Sanger, o redator-chefe.

Após casos de personalidades insatisfeitas com sua própria biografia inserida no *site*, a enciclopédia ganhou uma publicidade negativa, chegando a registrar o dobro de acessos no *Alexa* em somente dois meses. Mas medidas de proteção foram tomadas, como a necessidade de registro para criar novas páginas, e em novembro de 2006, a Wikipedia atingiu 1,5 milhão de artigos, apenas na língua inglesa. Ainda hoje, empresas não deixam de editar artigos a seu favor e contra seu concorrente, mas o que chega a ser inverídico ou considerado publicidade é corrigido rapidamente por seus editores registrados, dando à Wikipedia hoje confiança como fonte de pesquisa, com percentuais bem pequenos de erros.

A televisão feita por você: YouTube

Outro *site* que possui seu conteúdo produzido pelos usuários é o YouTube. Uma revolução na forma de enxergar o poder do vídeo na comunicação, o *site* chegou a ser eleito pela revista *Time* como a "invenção do ano", em sua edição de novembro de 2006. A *Time* traduziu o que milhões de pessoas que já usavam o *site* que estava conquistando o mundo pensavam: criou-se uma nova forma de entretenimento, educação e expressão.

No *site*, qualquer pessoa que faz uma conta, pode postar um vídeo de até dez minutos. Portanto a quantidade de vídeos caseiros é imensa. Qualquer vídeo que não seja protegido por *copyright* pode ser reproduzido, mas a realidade é que se encontra ainda muito desse tipo de material no *site*. A ideia do YouTube é reproduzida em seu nome, que quer dizer "você" "tubo" (que na gíria americana, refere-se à televisão), ou seja, a televisão feita por você. Fundado por Chad Hurley, Steve Chen e Jawed Karim, do *PayPal* (*site* que gerencia tranferência de valores, onde é possível abrir uma conta "bancária" *online*), em 2005 o YouTube se tornou um sucesso imediato, tanto que em 2006 em torno de 20 mil novos vídeos eram carregados diariamente e foi anunciado que ele seria vendido ao Google por 1,65 bilhão de dólares em ações, segundo artigo da Wikipedia.

O sucesso do YouTube deve-se muito à facilidade e rapidez com que os vídeos são vistos. Por conta do enorme êxito do *site*, gigantes como a Apple não poderiam ignorar a vontade dos usuários e anunciou em 2007 que o *site* estaria presente no iPhone, seu grande lançamento. Aplicativos que permitem o *download* de vídeos foram criados para permitir a visualização e arquivamento *offline*, e o YouTube TV Chanel começou a ser exibido em janeiro de 2008.

O *site* já passou por bloqueios em vários países devido a casos de usos de meios ilegais para gerar mais visualizações para alguns vídeos. No Brasil, o caso polêmico que ficou mais conhecido foi o da modelo e apresentadora Daniela Cicarelli, que conseguiu uma liminar obrigando o *site* a remover o vídeo onde aparecia trocando carícias explícitas com seu namorado em uma praia da Espanha e que se tornou um campeão de visitas.

Em praticamente todos os países, uma grande parte do conteúdo imaginável em vídeo pode ser encontrado no YouTube. Muitos filmes, séries de televisão antigas e novas, capítulos de novela ou jornal que não puderam ser assistidos pelas pessoas por falta de tempo[3], aulas de culinária, propagandas de políticos e de seus eleitores ou opositores, videoclipes e *shows*, além da infinidade de vídeos com temas caseiros ou pessoas que querem mostrar seu talento.

De outros fatos importantes no *site* destaca-se em primeiro lugar o lançamento do prêmio *YouTube Video Awards* para vídeos gerados pelos usuários, com algumas categorias como a de vídeo mais criativo e de "mais adorado de todos os tempos". Um segundo episódio marcante foi a exibição do YouTube ao vivo, em novembro de 2008, com transmissão de *show* e participação de celebridades.

Artistas pela rede: Flickr e MySpace

O Flickr e o MySpace possuem objetivos completamente diferentes, mas ao meu ver uma característica muito forte em comum: os dois são redes sociais que oferecem espaço para que o usuário compartilhe uma produção sua, e exatamente por essa razão

---

[3] Desde janeiro de 2009, a Rede Globo está fragmentando suas novelas e telejornais no *site*. A emissora possui uma conta no YouTube desde de 2006 e as duas empresas fecharam uma parceria de exibição de vídeos originados de sua programação.

acabaram sendo uma excelente vitrine para fotógrafos profissionais e amadores e para músicos, respectivamente.

O Flickr, também considerado um *fotolog*[4], foi criado com o intuito de os usuários postarem e compartilharem suas fotos, ou outros arquivos gráficos. Considerado por O'Reilly (2005) um dos mais fortes demonstrativos do que é a Web 2.0, por conta do grande nível de interatividade que possibilita aos usuários, o Flickr, segundo Carl Hendel, seu principal desenvolvedor, recebia a implementação de novos recursos a cada meia hora.

Segundo o próprio *site*: "Com milhões de usuários e centenas de milhões de fotos e vídeos, o Flickr é uma impressionante comunidade fotográfica, e o compartilhamento está em seu coração". Agora mesmo, quando acabei de acessá-lo, ele marcava o número de 4.665 fotos carregadas apenas no último minuto. E este número é apenas demonstrativo do quanto manter suas fotos em um álbum mundial pode ser estimulante para muita gente. Ainda porque o *site* oferece a chance de o usuário usar as fotos para fazer calendários, posters, montar álbuns para impressão, sugerindo seleção de fotos para presentear por exemplo canecas personalizadas, entre outras ferramentas disponíveis, além de ainda disponibilizar fotos para venda.

O *site* foi desenvolvido pela Ludicorp, empresa canadense, e lançado em fevereiro de 2004, mas já em 2005, foi adquirido pela Yahoo! Inc. Adotando o popular sistema de categorização de arquivos por meio de *tags*, o Flickr organiza e classifica as fotos de acordo com o contexto. As *tags* são atribuídas às fotografias pelos próprios usuários que as carregam e, com isso, a busca de imagens se torna um processo prático e rápido.

---

[4] Espécie de *blog*, mas utilizado para compartilhar imagens, em especial fotos.

Tendo-se tornado em 2006, a rede social mais popular dos Estados Unidos, o MySpace começou a ganhar força também fora do país, mesmo tendo sido, segundo a ComScore, ultrapassado internacionalmente pelo Facebook em abril de 2008. Inclusive, por essa razão, o *site* resolveu inserir aplicativos semelhantes aos que já existem nessa rede social. O *site*, fundado em 2003 por Chris DeWolfe e Tom Anderson, membros da *eUniverse*, possui uma rede interativa de fotos, *blogs* e perfis de usuários, e inclui um sistema interno de *e-mail*, fóruns e grupos.

A crescente popularidade do MySpace e a capacidade de hospedar MP3 fez com que muitas bandas e músicos se registrassem, chegando mesmo a fazer de seu perfil o próprio *site* oficial. Em 2006, já havia em torno de 300 mil bandas ou músicos no MySpace. E um recurso que enriquece ainda mais o perfil desse tipo de usuário e o atrai para o *site* é a possibilidade de incluir vídeos. O MySpace convida os usuários a personalizar suas páginas em códigos HTML em algumas áreas do *site* e isso permite também uma página mais profissional.

Segundo artigo do Wikipedia, em 2007, o MySpace já contava com mais de 200 milhões de contas criadas e o segredo do sucesso muito provavelmente se deva à adição, em média, de um novo recurso a cada mês. Entre as ferramentas do *site*, estão presentes os chamados "boletins", que são recados postados em um "quadro" e qualquer amigo pode ver em um período de dez dias, assim dispensa a necessidade de enviar mensagens individuais quando se quer falar a toda a rede de contatos.

Outras qualidades do MySpace são uma ferramenta que permite que um grupo de usuários compartilhe uma mesma página e quadro de mensagens, o bate-papo, e a possibilidade de incluir *emoticons* nos perfis, mostrando qual é o humor da pessoa naquele momento. Além de um *blog* com campos comuns a conteúdo, emoção e mídia.

Bem como o Facebook, em 2009 o MySpace sofrendo com a concorrência deste e do Twitter, também incorporou no perfil de seus usuários as atualizações para quem tem contas no *microblog*. Dessa forma, as *twittadas* também aparecem na conta do MySpace, e isso é uma forma também de manter a conta ativa.

No artigo de Janet Maslin para o *The New York Times*, traduzido pelo *site* Terra, Julia Angwin, autora do livro *Stealing MySpace: the battle to bontrol the most popular website in America* (Roubando o MySpace: a batalha para controlar o *site* mais popular da América, em tradução livre), revela alguns "segredos" sobre a criação do *site* e a disputa pelo título de fundador, entre eles que "o MySpace não tinha a intenção de permitir que os usuários espalhassem corações, glitter e carinhas sorridentes por suas páginas iniciais". No entanto, quando ele mudou de linguagem de programação, um erro permitiu que os usuários inserissem seu próprio código e foi isto que acabou conquistando alguns adeptos, principalmente sendo a razão do sucesso entre as adolescentes.

Um mais um é mais: Mashup

O fenômeno do Mashup ainda é recente e está sendo descoberto e incrementado aos poucos, muito à medida da simples necessidade do usuário. É um procedimento de desenvolvimento no qual dois ou mais aplicativos se unem para oferecer um serviço. Quem primeiro criou um *mashup* foi o programador de *software* Paul Rademacher para auxiliar o serviço oferecido pelo HousingMaps.com, em 2005. Procurando um novo apartamento, Paul resolveu pesquisar uma maneira de mesclar (*mash up*) as listas do Craigslist[5] e o aplicativo do GoogleMaps automaticamente. Assim, nasceu o primeiro *mashup*. Mas para isso, algo é de extrema importância, para não dizer imprescindível: API.

As APIs são as portas abertas dos programas, que permitem que programadores como Paul possam apropriar-se dos serviços e dados para desenvolver novos aplicativos e atender a demanda. Quando ele usou o código do Google, teve que agir como um *hacker*, pois ainda não era aberto. E quando o *site* viu que seu código foi violado em vez de mandar fechar o novo serviço, resolveu abrir suas API e permitir que novos usuários acrescentassem valor ao próprio sistema.

Os *mashups* fazem parte de uma cultura que vem crescendo: a de participação. A mistura de aplicações não seria novidade se pensarmos que qualquer efeito que se aprimore sendo mesclado a outro, mais cedo ou mais tarde, assim o será, com o trabalho de conhecedores profissionais. Assim sempre foi feito com vídeos, fotos, música, textos, por que não seria com aplicativos? Tudo afinal é a junção de conhecimentos que resultam em algo mais aproveitável que já era demandado. Mas a participação requer intercâmbio de ideias e unir a "inteligência coletiva" em prol de um bem comum: novos avanços com novos ganhos para todos.

O micro blog: Twitter

Como podemos perceber, tudo vem acontecendo em um raio de poucos anos passados, mas tantas e tão rápidas foram as mudanças que não é possível para mais ninguém, além da própria

---

[5] *Site* criado por Craig Newmark, de São Francisco, Califórnia, que cresceu tanto que passou a conter uma enorme quantidade de anúncios, inclusive de imóveis.

Internet, abarcar e armazenar tanta informação. Mas quando falamos de rapidez de informação na Internet, necessariamente temos que falar no *site* que não apenas se tornou hoje sinônimo disto, mas que também subiu no ranking de redes sociais mais utilizadas em um curtíssimo espaço de tempo: o Twitter.

Twittar também já é verbo e está presente no dia a dia de dezenas de milhões de usuários pelo mundo, que descrevem sua rotina, contam novidades, transmitem notícias, espalham vagas de emprego, fazem piada, comentam e disseminam novos *tweets*. Em um espaço de 140 caracteres o usuário pode repassar o que deseja aos seus "seguidores" e também receberá os tweets daqueles que está seguindo.

Lançado nos Estados Unidos, a primeira ideia do Twitter foi unir as conversas de grupos de amigos. Por isso, dizia: "O que você está fazendo?". Mas com a percepção da dinâmica de uso no *site* e claramente uma mudança de foco nos temas que os twitteiros postavam, esta frase mudou para "Compartilhe e descubra o que está acontecendo agora mesmo, em qualquer lugar do mundo".

O Twitter, que acabou recebendo a designação de *microblog*, foi fundado em março de 2006 por Jack Dorsey, Evan Williams e Biz Stone. Os dois últimos, que já haviam trabalhado na Google, inclusive na criação do Blogger, abriram a Odeo e a partir da ideia de Dorsey, surgida em um *brainstorming*, criaram o que a princípio foi um aplicativo para celular, chamado Status. Este, que foi o pré-twitter, baseava-se no envio de curtas mensagens pelo celular, e a cada atualização, o usuário recebia um *twich*, ou seja, uma vibração no aparelho. Sabendo disto, fica mais fácil entender porque as mensagens continuaram limitadas a 140 caracteres, já que muitos usuários continuam usando o celular para twitar, por meio de aplicativos, como o *Twitterberry*.

Foi com esta ideia que Dorsey encontrou um nome mais apropriado e o batizou de Twitter, que tem dois significados: o piado dos pássaros ou uma pequena explosão de informações inconsequentes. A partir daí, o conceito ficou mais alinhado com a prática, e o logo e a dinâmica refletiram isto. E em junho de 2006, a versão pública, completa e para computadores foi lançada.

O *boom* do Twitter aconteceu ainda em 2006, durante um festival de música e filmes para novos talentos chamado *South by Southwest* (SXSW), em Austin, nos Estados Unidos, que adotou a tecnologia como foco de suas conferências. Nele, duas telas de sessenta polegadas mostravam mensagens trocadas pelo Twitter, fazendo com que as vinte mil twitadas no *site* na época triplicassem nos dias de evento e seus criadores recebessem o prêmio *Web Award*, concedido pelos organizadores do SXSW.

Estimado hoje em 1 bilhão de dólares, o Twitter não divulga dados numéricos de seus usuários, mas se sabe que o português já é a segunda língua mais presente no *site* e o Brasil o terceiro país com mais twitters, perdendo apenas para Estados Unidos e Inglaterra, segundo Beatriz Smaal (2010), em *A História do Twitter*. Mas também se sabe que quando este capítulo estiver finalizado e quando você estiver lendo este livro, os números serão bem maiores e com estatísticas talvez imprevisivelmente diferentes.

Segundo dados do ebook *Tudo que você precisa saber sobre o Twitter*, de Juliano Spyer, a ComScore realizou uma pesquisa em junho de 2009 e constatou um crescimento do Twitter de 1460% em relação a junho de 2008 e 19% em relação ao mês anterior, atingindo a marca de 44,5 milhões de usuários únicos. A audiência do *site* neste período foi equivalente à dos *sites* da emissora pública britânica BBC e do serviço de notícias esportivas da ESPN.

As informações ganharam uma velocidade tão inacreditável com o uso do Twitter por empresas de comunicação e notícias, que geralmente as últimas novidades são postadas nele antes mesmo de serem lançadas no próprio *site* da empresa. Isto explica o crescimento de 1.238% ao ano. Um simples clique repassa um anúncio de trabalho para todos os seus contatos, do aparelho celular um usuário pode enviar seu *tweet* comentando sobre a festa que está, e assim, com um clique após outro, ninguém segura uma informação lançada nem os novos adeptos da rede.

Não é diário, é Blog

Um dos elementos mais característicos da Web 2.0 sem dúvida são os *blogs*. Ser blogueiro já virou até profissão, seja desenvolvendo e gerando renda com seu próprio *blog* ou trabalhando para uma empresa e gerando conteúdo para o *blog* desta empresa, já que hoje as empresas investem nas redes sociais porque percebem o poder da disseminação de noticias, ideias, de boas e más informações sobre qualquer tema imaginável com a participação de pessoas comuns.

A criação dos *weblogs* ou simplesmente *blogs* permitiu que qualquer pessoa pudesse, pela primeira vez, publicar algo na Internet sem ter de entender ou contratar alguém que entenda de linguagem HTML ou passar pelo crivo de editores; obstáculos comuns a quem antes quisesse publicar na rede. E o mais incrível: a publicação poderia ter alcance mundial!

O primeiro *site* no estilo de *blog* de que se tem notícia foi o *What's new in '92*, publicado por Tim-Berners Lee, em 1992, para divulgar as novidades do então projeto *World Wide Web*. Mas o termo só surgiu em 1997, empregado por Jorn Barger, no seu recheado de informação *Robot Wisdom*[6]. No começo de 1999, o *The page of only weblogs*, de Jesse James Garret, identificava somente

---

[6] www.robotwisdom.com

23 *blogs*. E com o surgimento dos primeiros serviços de edição e publicação de *blogs*, como o Pitas e o Blogger, iniciou-se a primeira febre por fazer sua própria página na Internet, muitas sendo uma espécie de "diário pessoal virtual".

No ano 2000, os *blogs* já eram populares entre muitos adolescentes, que podiam montar sua página e contar ao mundo suas experiências. Lembro que neste período eu via na universidade alguns colegas montando sua página e vendo como eram as páginas de outros usuários, quem eram eles e o que tinham a dizer. A surpresa foi que no final de 2001, a quantidade de *blogs* já ultrapassava os 2 milhões, principalmente por muitos terem sido criados após os ataques de 11 de setembro.

Os *blogs* são constituídos pelos *posts* [anotações], que são apresentados na ordem cronológica inversa ao que foram publicados. Cada post possui uma URL permanente (*permalink*), o que facilita sua conexão a partir de *sites* externos, e podem conter além de textos, imagens e vídeos. Os *posts* podem ainda ser arquivados de forma cronológica ou temática e o *blog* pode ter um buscador interno. E além dos *posts*, há espaço para o dono do *blog* contar aos leitores quem ele é (*about*). E nos *blogs* coletivos (escritos por mais de um usuário), além do *about*, os *posts* são assinados para identificar o autor.

A praticidade do *blog* é sem dúvida um elemento crucial para conquistar a quantidade crescente de usuários, pois é possível até mesmo postar pelo celular. Desde que surgiram os primeiros serviços específicos para *blogs*, já se baseavam na fórmula: CMS e hospedagem gratuita. O CMS (*Content Management System* [sistema de gerenciamento de conteúdo]) é a ferramenta que permite gerar, de forma dinâmica, os elementos que fazem parte de um *site*. Desta forma, o usuário apenas precisa se preocupar com a produção de conteúdo.

Os três serviços pioneiros para *blogs* foram o LiveJournal, o Pitas e o Blogger. O primeiro foi lançado em 1999, por um estudante de Ciência da Computação da Universidade de Washington, Brad Fitzpatrick, de dezenove anos, no intuito de se comunicar com seus amigos de Portland. Apesar de o estudante ter chamado o serviço de "diário", já continha as características próprias de *blog* e acabou ganhando adeptos, principalmente adolescentes norte-americanos, os quais alguns tiveram de ser voluntários, pois ele já não suportava fazer a manutenção do sistema sozinho.

Fitzpatrick então fundou sua própria empresa, a Danga Interactive, que foi comprada em 2005 pela Six Apart. Neste momento, o LiveJournal já possuía 5,5 milhões de usuários. No entanto, o Pitas, inaugurado em julho de 1999, é considerado oficialmente como o primeiro serviço de *blogs*. Criado pelo programador canadense, Andrew Smales, o Pitas fez a diferença no serviço oferecido por propiciar ao usuários uma quantidade variada de *templates*, possibilidade de comentários nos *posts*, anotações sobre o autor do *blog*, entre algumas outras ferramentas adicionais.

Mas definitivamente o Blogger foi o serviço que mais teve êxito, ainda ganhando adeptos a cada dia e tendo-se tornado quase um símbolo da blogosfera. Criado pela Pyra Labs, uma pequena empresa de *software* de San Francisco, seu primeiro objetivo foi gerenciar as atividades internas da empresa, mas seus fundadores, Evan Williams, Meg Hourihan, Paul Bausch juntamente com Matthew Haughey (que também fez parte do projeto), perceberam o potencial que a ferramenta tinha e a tornaram pública em agosto de 1999.

Segundo Antúnez (2007), em 2003 a empresa seria vendida para a Google por um valor não revelado. Nesta época, a página inicial do Blogger já era bastante atrativa, prática e simples, o que foi fundamental para a popularização e rápida difusão dos *blogs*. Mas foi a infra-estrutura do Google que deu suporte ao sucesso que o Blogger já estava tendo.

Mas não se pode negar o crescimento do WordPress, que com licença *Open Source*, hoje já tem milhares de adeptos e é considerado o sucessor de um sistema chamado b2/cafelog, criado em 2001. Mas foi apenas em 2003 que os desenvolvedores texanos, Matthew Mullenweg e Ryan Boren, começaram a fazer a reconversão para o hoje conhecido WordPress.

Depois da tamanha popularização das câmeras digitais, presentes também em aparelhos de celular, outras ferramentas inspiradas nos *blogs* já ganharam adeptos, como os *fotologs* (ou simplesmente *flogs*), os *moblogs* e os *vlogs*, atualizados com fotos, por meio de aparelhos móveis, como celulares, e com atualizações em vídeo, respectivamente. Além disto, os *podcasts* vêm incrementando ainda mais este universo de disponibilização de informação. Tendo sido definido pelo jornal inglês *The Guardian* como um sinônimo para *audioblog*, os *podcasts* começaram a ser usados como ferramentas educacionais ou mesmo pelas rádios, que tiveram de se render e criar novas formas de disponibilizar seu material, como oferecendo fatias de programas aos ouvintes.

Com pequenas gravações, feitas de forma profissional ou até mesmo de forma bastante precária, com um microfone simples e um programa de gravação de sons, qualquer usuário pode adicionar à rede *posts* de áudio em seus *sites* ou RSS (ferramenta que agrega *tags* como palavras-chave que sinalizam o conteúdo do *post*) e fazer deles cursos, uma mininovela, uma divertida ou crítica sequência de comentários do tema que lhe convenha.

Os *podcasts* podem ser editados por quem o produz da mesma forma que os vídeos, antes de serem postados, mas com programas específicos de edição (como o Windows Movie Maker ou o iMove, para vídeos e o Audacity, para áudio[7]). Dessa forma, eles podem ficar disponíveis para *download* e posteriormente serem ouvidos por qualquer outro aparelho como celulares e MP3, além de conquistar seu público de acordo com o perfil escolhido para seus *podcasts*.

Balaio do mundo virtual: o resto é muita coisa

Os *blogs* sem dúvida significaram uma revolução na qual as pessoas poderiam falar sobre qualquer assunto sem intermediários e deixá-lo disponível para qualquer outra pessoa na Internet. Apesar disso, um dos fortes braços da Web 2.0 não foi o primeiro a propiciar isto, mas sim os fóruns de discussão, que de certa forma foram quem iniciou esse movimento de se expressar na Internet. Os fóruns de discussão já faziam um papel de oferecer espaço a qualquer usuário de se colocar e dar sua opinião.

Os fóruns e os atuais grupos de discussão por *e-mail* surgiram a partir dos *newsgroups* ou listas de mensagens eletrônicas, sendo usados já nos anos 1980 nos Estados Unidos e alguns países da Europa para trocar ideias sobre temas específicos. Orihuela (2007) deixa claro em que eles e os *blogs* se diferenciam no capítulo "*Blogs* e *blogosfera*: o meio e a comunidade", do livro *Blogs: revolucionando os meios de comunicação*. Segundo ele, a diferença entre os fóruns e os *blogs* está na autoria, que naqueles é dispersa ao passo que nos *blogs* é centralizada; estes se estruturam de

---

[7] Para instruções mais detalhadas de como montar e postar seus vídeos e podcasts, ler os e-books *Flog Vlog e Podcast*, da coleção Coquiste a Rede, de Ana Carmen Foschini e Roberto Romano Taddei. Disponíveis em http://pt.globalvoicesonline.org/wp-content/uploads/2007/08/conquiste_a_rede_flogvlog.pdf e http://pt.globalvoicesonline.org/wp-content/uploads/2007/08/conquiste_a_rede_podcast.pdf

forma cronológica ao passo que os fóruns são de forma temática; estes possuem mediadores e os *blogs* são meios sem editores; e quem procura informação em um *blog* o escolhe pelos pontos de vista, estilo e temáticas do autor, ao passo que quem usa os fóruns busca uma informação concreta, procurando saciar uma dúvida, contribuir para acabar com as dúvidas de outros ou mesmo iniciar uma nova discussão.

Mas bem como o que já existe serve de inspiração para novos e melhores utensílios, o grande cesto da Internet só aumenta e é aprimorado a cada instante. Além dos *sites* citados ao longo do capítulo, que são a meu ver alguns dos que oferecem melhores serviços e os que conseguiram considerável sucesso com relação ao objetivo a que se propuseram, uma extensa lista de outras opções de ferramentas já existe há algum tempo e faz parte da rotina de muita gente.

Alguns serviços se tornaram tão populares, como *sites* e programas que possibilitam o download de arquivos de músicas e filmes, como o Kazaa, o Emule (*softwares*), o Ver-pelis e o 4shared (*sites*), que isso mudou para sempre a vida das gravadoras e a forma como a distribuição de filmes é feita. Outro uso constante da Internet é o que alimenta o mercado de *games*, muito forte entre crianças e adolescentes. Vários *sites* oferecem *download* gratuito de *games*, como o Baixaki e o Superdownloads, que também possibilitam descarregar músicas, filmes e *softwares* diversos.

E novamente falando em redes sociais, não podemos deixar de considerar a existência de muitas outras redes que acabaram fazendo mais sucesso em determinados países e outras que conseguiram alguma inserção no Brasil. Bebo, Hi5, Dihitt, Ueba, Via6, LinkK, Rec6 e Sonico são apenas alguns exemplos. Pela quantidade de opções, a tendência é que os usuários mais assíduos acabem escolhendo duas ou mais redes das quais fazem parte com mais frequência. Com relação a isso, as redes acabam promovendo uma interligação entre si, até mesmo como forma de sobrevivência. Assim, quem twitta tem a possibilidade de o *tweet* aparecer no Facebook ou MySpace; quem *bloga* geralmente coloca o *link* no Twitter ou Facebook, e assim por diante.

E são essas mesmas redes sociais, juntamente com *sites* de comunicação e entretenimento, que contribuem para que no Brasil mais usuários permaneçam mais tempo e busquem acesso à rede de computadores. Segundo dados do Ibope Nielsen Online de 2010 cerca de 65 milhões de brasileiros já tinham acesso à Internet, considerando residências, trabalho, escola, *lan-houses*, bibliotecas e telecentros (esse número abarca apenas brasileiros a partir de dezesseis anos com telefone fixo ou móvel).

A pesquisa, que é realizada em dez países, mostra o Brasil como o país onde os usuários permanecem por mais tempo tanto na navegação em páginas quanto no tempo total, incluindo programas *online*. Segundo a Insights Consulting, no primeiro semestre de 2010, que as redes sociais já possuíam quase um bilhão de usuários e o Brasil já era considerado o país mais sociável do mundo. Segundo dados apresentados em maio de 2010, na edição especial sobre redes sociais da Revista Época, o Ibope NetRatings afirma que um percentual de 80% dos internautas brasileiros possuem perfis em redes sociais, e a campeã por aqui ainda era o Orkut, com 72% deles. A instituição realizou uma ampla pesquisa, divulgando número de usuários nas redes em ascensão, as estagnadas e as decadentes no país.

O resultado da pesquisa mostra redes consolidadas no Brasil, que crescem no mesmo ritmo da Internet, como o Orkut e o Messenger, respectivamente com 26 e 27,4 milhões de usuários. As redes consideradas decadentes pelo Ibope NetRatings no país eram a Sonico e o MySpace, e as consideradas estagnadas foram o

LinkedIn, o Formspring, o Flickr e o Twitter, já com 9,8 milhões. Sem dúvida, muitas outras pesquisas que apontam o grande crescimento do Twitter e de ferramenta de *networking* profissional como o LinkedIn discordariam dessa classificação, até porque especialistas garantem que estas são redes que ainda estão sendo incorporadas aos hábitos dos usuários brasileiros como um todo e possuem ainda muitos recursos por serem explorados.

A pesquisa do Ibope NetRatings apontou finalmente as redes sociais em ascensão. São elas o Ning (www.ning.com), o Foursquare, com muito por ser explorado por utilizar a tecnologia móvel, que tudo indica que em pouco tempo será predominante entre jovens e adultos, o Skype, o Facebook, com seus cerca de 10 milhões de brasileiros e o YouTube, com incríveis 20 milhões de postadores de vídeos. Este último, segundo a pesquisa, cresce a um ritmo maior que a Internet no mundo e chega à marca de 2 bilhões de páginas visualizadas diariamente, segundo dados de 2010.

Com isso, as empresas devem cada vez mais direcionar recursos e tempo para se dedicarem a um canal que os aproxime mais de seus consumidores. Como veremos mais a fundo nos capítulos 2 e 4, as organizações estão se preocupando em como fazer uso dessas novas ferramentas, mas como elas ainda estão em evolução e muitas das pessoas ainda estão conhecendo e definindo quais preferem, os departamentos de comunicação e *marketing* seguem buscando implementar estratégias em busca de sucesso entre os internautas para um resultado de exposição e fortalecimento de marca que ainda é uma incógnita, em muitos casos.

A lista, na realidade, seria imensa se enumerássemos todos os *sites*, portais ou redes sociais interessantes que já tenham sido construídos no mundo. Mas não vou abordar mais a fundo sucessos que fizeram e/ou fazem parte do universo americano ou mesmo europeu, como são os casos do Friendster e Craigslist, pois minha intenção aqui é aprofundar a análise das mudanças gerais ocorridas nos vários aspectos relacionados ao comportamento humano que a Internet trouxe consigo e principalmente aqueles que estão fortemente presentes no panorama do usuário brasileiro. No entanto, alguns exemplos são fundamentais para se entender o que essas novas tecnologias fazem pelas pessoas ao redor do mundo, já que por mais que as diferenças culturais, de língua e acesso tenham um grande peso, o comportamento tende a ser um tanto uniforme, já que a proximidade entre as pessoas no mundo inteiro aumentou.

Post 2. Novo Mundo – mas será que as pessoas mudaram mesmo?

A Internet surgiu com o desenvolvimento da vida contemporânea, avanços tecnológicos e a própria globalização. Da mesma forma que a televisão, os veículos impressos e o rádio vieram para ficar, ela também veio. E da mesma forma que cada um desses meios provocou uma reviravolta no comportamento do indivíduo, que era afetado de alguma forma pela presença ou falta dele na vida, a Internet também provocou mudanças. Isso porque ela passou a fazer parte do cotidiano de milhões de pessoas e a ser imprescindível na comunicação mundial.

Lembremos que na época das radionovelas, a família se reunia para escutar as tramas das estrelas do rádio. Ou mesmo quando do surgimento da televisão, que era ainda muito cara, e existiam salas públicas para transmitir os poucos programas que já eram produzidos; e os privilegiados que possuíam em casa um aparelho de televisão abriam suas portas aos vizinhos, que acabaram por criar o hábito de se reunir na sala diante da TV em determinados horários, principalmente à noite, que ganhou *status* de horário nobre.

No final dos anos 1990, quando eu ia de férias à casa do meu avô, que morava em uma cidadezinha de interior do Ceará, ainda presenciava o grupo de pessoas que se reuniam para ver jornal e novela em sua sala. Umas oito pessoas a mais prestando bastante atenção na programação. E isso durou até o fim de uma geração. Os anos passaram e muito disso mudou. Se hoje famílias de classe média podem dispor de um aparelho de TV por cômodo, por que precisariam se reunir para assistir a algum programa, quando cada um pode escolher o seu de preferência em meio a uma extensa oferta, inclusive internacional?

Esse movimento não foi tão diferente do uso da Internet, que quando surgiu, também precisava de um computador, que ainda era muito caro e inacessível a grande parte da população. Foi quando começaram a surgir as *lan houses*, onde computadores ainda eram compartilhados por mais de um usuário. No caso dos computadores, outras características são acrescentadas, pois já independe de horários para utilizá-lo e seu uso restringe o número de pessoas, pois um grupo maior do que cinco usuários já dificulta a participação e a leitura na tela.

Lembro que por volta de 1996, eu e minhas duas primas nos divertíamos juntas descobrindo as salas de bate-papo e conversando com pessoas de outros estados brasileiros. Como nem todas tinham computador com provedor de Internet, nós tínhamos que sentar juntas para brincar com jogos e fazer pesquisas em *sites* de busca. Nossos pais não entendiam porque ficávamos até tarde da noite conversando com quem nunca tínhamos visto pessoalmente e nem que importância a Internet já tinha em nossas vidas. Mas para nós aquela novidade parecia muito interessante e divertida.

Mesmo na faculdade de Comunicação, reuníamo-nos em grupos de duas ou três pessoas para usar o computador e fazer diagramações e discutir sobre novos *sites* que conhecíamos, e a novidade de começar a vida profissional totalmente inserida nesse novo meio parecia inspiradora. Já não escrevíamos mais matéria, entrevista ou pesquisa no papel. Elas já iam direto para o Word e depois ao disquete, e também ao *e-mail*, para garantir, pois não sabíamos bem o que aquele computador podia fazer com nossas horas de trabalho. Vai que ele resolvia jogar tudo fora?

E se nossa rotina mudou para que coubesse a leitura de um jornal matinal ou a audiência à novela preferida, por sua vez até hoje se discutem hábitos de crianças e jovens diante da televisão e o que esta televisão apresenta de bom e ruim ao seu público, principalmente a uma massa com senso crítico menos desenvolvido, como é o caso das crianças e de camadas mais pobres da população.

Mas se a televisão, que já existe há sessenta anos no Brasil, e desde a década de 1930 já estava sendo aprimorada em países como Estados Unidos, Inglaterra e Alemanha, ainda suscita esse tipo de discussão sobre o comportamento, imagine o que causaria um meio ainda mais revolucionário, que chegou ao Brasil na década de 1990 e é capaz de comunicar pessoas do mundo inteiro ao mesmo tempo. Portanto, se você foi capaz de imaginar, não fica difícil deduzir o quanto esse meio poderia assustar - e realmente o fez, deslumbrando e integrando muita gente.

Com o advento da Internet e principalmente da interface *World Wide Web* como conhecemos hoje, muita coisa se tornou possível e acessível. E gente que já se espantou um dia em descobrir como as pessoas cabiam dentro daquela caixa da televisão ou do rádio, agora poderia ela mesma estar dentro de outra caixa chamada computador falando com alguém lá do outro lado do planeta.

Mas se a televisão trazia uma mensagem de um para muitos, a Internet trouxe a possibilidade da mensagem de muitos para muitos. Sem a evolução da Internet, não teríamos o mundo, no que diz respeito às relações humanas, como o conhecemos hoje. A necessidade da interatividade fez com que a Internet se tornasse uma ferramenta indispensável na vida atual, seja no trabalho, na relação com amigos, nas horas de lazer ou mesmo em busca do desconhecido.

E foi justamente esta necessidade que levou o uso da rede muito além das buscas sobre informação, ou troca de informação entre pessoas que já se conheciam previamente, mas à manutenção de redes onde indivíduos se enxergam e se identificam, pelo simples fato de que eles não são apenas parte, mas são seus construtores. Com relação a isso, Islas e Caro (2008) consideram que o desenvolvimento da Web 2.0 pode ser interpretado como um verdadeiro divisor de águas na evolução da Internet por ter imposto importantes mudanças tanto no comportamento quanto nos hábitos de consumo cultural dos internautas. Com isso, os autores acreditam que nesse processo, o internauta mediano tenha aos poucos se transformado no que eles chamam de prosumidor[1], por conta da autoaplicação do conhecimento e o conhecimento aplicado a essa mesma revolução do conhecimento.

---

[1] Um consumidor que não é passivo, mas também interage, também produz.

O consumidor de informação de hoje está muito mais ambientado na rede. Ele já sabe melhor onde encontrar determinadas informações. Isso é importante porque a cada minuto milhões de novas informações são lançadas na rede e, se elas não atingem algum destino, não há razão para existir. Da mesma forma que este livro foi construído com inúmeras fontes retiradas da própria Internet, boa parte dos trabalhos escolares e acadêmicos passaram a ser pesquisados na rede, que pela contribuição e exigência dos próprios usuários foi adquirindo mais credibilidade nas informações disponíveis, com o acréscimo de dados de fontes confiáveis e conteúdo que só está disponível *online*, como *e-books* e listas de discussão.

Cunha (1995, pp. 61-2) considera em "No Balanço da Rede", no livro *Culturas em fluxo: novas mediações em rede,* que a publicação eletrônica tenha acabado por revolucionar sistemas conceituais típicos da comunicação de base impressa, como as ideias de hierarquia, linearidade, centro e margem. Além disso, também tenha superado a unidirecionalidade e "imposição" típicas da comunicação de massa, permitindo surgir assim um novo paradigma, possibilitado pelas novas tecnologias, que envolve características como a multilinearidade, a descentralização, a maior inclusão de informações não verbais e uma nova análise com respeito às noções de autoria e relações de *status* entre autor e leitor.

Mas devemos sempre considerar que toda essa troca de conhecimento é possível porque indivíduos disponibilizaram seus estudos e teses *online*, empresas permitiram que seus funcionários contribuíssem com novas ideias, crianças e jovens puderam demonstrar suas necessidades de uso da rede, ou seja, porque pessoas interagem entre si e acrescentam umas às outras. Por isso, não foi difícil perceber o quanto a Internet também poderia ser uma poderosa ferramenta de relacionamento à medida que permitia criar ligações entre usuários, principalmente os jovens, grandes apreciadores disto.

E foi justamente com esse intuito que surgiram os primeiros *sites* de relacionamento: manter relações de amizade, seja com os já amigos da vida presencial ou novos contatos. Foi assim que surgiram o Classmates.com, em 1995, e o Friendster, em 2002, nos Estados Unidos, com o simples objetivo de reunir amigos de turma, no caso do primeiro, e grupos de amigos, no caso do segundo. Algo que poderia ser feito também pelo mural da escola, do trabalho, mas que não têm alcance em casa, ou a quem eventualmente esteja viajando. Ou seja, não tem presença mundial e atemporal.

Mas e por que atualmente se fala tanto em rede social se não é algo novo? As redes sociais existem desde que o homem aprendeu a conviver em sociedade. Elas nasceram para integrar membros com interesses e ideologias conectados pelo interesse e pela relevância de um determinado assunto e para proporcionar integração e interatividade por meio da comunicação e do compartilhamento de conteúdo. Percebemos que o objetivo principal das redes sociais virtuais é agrupar pessoas com necessidades parecidas, não importa em que campo da vida essas necessidades aflorem, seja no profissional, sentimental, social etc.

Portanto, não é diferente quando falamos das redes sociais já existentes em nossa vida não virtual, mas com a diferença das facilidades de tempo, espaço e ferramentas que o mundo virtual possibilita a esses grupos. O termo mídia social descreve ferramentas, plataformas e práticas usadas para o compartilhamento de opiniões e experiências via Internet. Indivíduos se unem em prol de um interesse comum, e de forma gratuita os membros de uma rede conseguem encontrar aquilo que desejam do âmbito social em espaço virtual.

Não tenho dúvidas de que as redes sociais virtuais estão em constante expansão e quem investir hoje em um aprendizado maior na área está aprendendo como as pessoas consumirão em um futuro não tão distante. É certo que nos próximos anos veremos nascer novos núcleos de socialização virtual com grande diversidade de indivíduos, pois já estamos vivendo uma revolução tecnológico-social e, analisando as mudanças comportamentais que já conseguimos enxergar, talvez encontremos algumas chaves para desvendar e prever como lidar com um movimento inevitável de mudança nas relações.

Hoje, os brasileiros estão entre os usuários mais presentes nas ferramentas colaborativas da Internet. Na Wikipedia, os verbetes em português estão entre os dez mais frequentes e superam inclusive os de língua hispânica, mesmo que o número de internautas falantes do idioma seja mais que o dobro dos falantes de português. Atualmente, nas grandes cidades, como São Paulo, o governo já entende a demanda da população de baixa renda pelo uso da Internet e proporciona esse serviço de forma gratuita.

Em vários pontos da capital paulista, como metrôs e bibliotecas públicas, o programa Acessa São Paulo permite que qualquer cidadão tenha acesso à rede e até mesmo imprima currículo, algum documento necessário ao seu ingresso no mercado de trabalho, ou algum trabalho escolar. Sem dúvida, a tendência é que quanto mais pessoas tenham acesso diário à Internet, mais as redes se inflem e sejam recheadas diariamente com informações de todos os tipos.

Com relação a isso, as instituições governamentais começam a perceber que o mercado de trabalho está supervalorizando o domínio das ferramentas de Internet e fazendo novas exigências com relação ao seu uso, segundo Barbosa e Castro (2008), alimentando assim um paradoxo entre alfabetizados e analfabetos virtuais, além de estabelecer uma distância ainda maior entre gerações os que nasceram sob o advento da Internet e as oriundas de culturas escritas e lineares.

Não há dúvidas de que as crianças de hoje, ou as chamadas gerações Y e Z, sobre as quais vamos discutir mais detalhadamente no desenrolar deste capítulo, sentem-se completamente à vontade com o uso da Internet e não necessitam recorrer a escolas de informática para isto, pois já vêm usando naturalmente desde muito cedo. Mas quem não pertence a esta geração, não apenas procura aprender mais sobre essas ferramentas do mundo virtual por conta das exigências mercadológicas, mas por uma questão, muitas vezes, de curiosidade, de atualização e também de praticidade.

Se pensarmos que boa parte da população já está inserida em um mundo digital, imaginamos também a força que isso representa. A força da coletividade neste universo virtual pode ser simbolizada pelo uso do sistema operacional gratuito Linux (concorrente do Windows, da gigante Microsoft) e o extenso uso da Wikipedia (que compete com as enciclopédias impressas, como a Britânica, entre outras). Mas isto também é possível pela disposição das pessoas em contribuir em rede. Se os programadores não aprimorassem o Linux ou os usuários não melhorassem a Wikipedia com informações atualizadas, eles não seriam o sucesso que são.

Então surge uma outra dúvida. Por que as pessoas perdem tempo colaborando com algo se não vão ganhar nada em troca. No entanto, casos como estes nos mostram que existem outras coisas além da compensação material que motivam os seres humanos a produzir, pois agimos também para nos sentirmos bem psicologicamente ou por simples conexão social.

Mas alguns autores também discordam do poder das multidões. Jaron Lanier, um dos pioneiros a discutir a realidade virtual, lançou um artigo denominado de "Maoismo Digital", no qual discute que somos vítimas de uma ideia de que o coletivo é o auge da sabedoria. Ele comenta que muitos acreditam que os erros serão corrigidos pelo próprio processo, já que existe a colaboração, mas que isso é uma ilusão e que, infelizmente, muitas pessoas acabam acreditando que as coisas surgem na Internet como se ela fosse um "oráculo sobrenatural".

Vejo que isso ainda ocorre nas camadas mais alijadas do uso frequente da Internet com senso mais crítico. Quando escuto "tirei da Internet", "lá na Internet tem", vejo o quanto a rede ainda parece algo como uma entidade espacial ou intocável. Algo que saiu de algum lugar construído por não pessoas. Como se realmente fosse um local onde as coisas surgem sem explicação, pois em geral muita gente não se questiona como o conteúdo foi parar ali.

Pensando nisso, conseguimos realmente identificar a mudança de hábito de grande parte dos indivíduos em depositar uma confiança e uma inclinação por gastar seu tempo procurando temas na Internet. Sem dúvida, essa é uma boa notícia quando percebemos que algumas pessoas que sequer sonhariam em ter um computador, hoje podem ter acesso à rede e a seus benefícios.

Com certeza, não são apenas bons aspectos que vieram com o uso contínuo da Internet. Com ela, também surgiram novas modalidades de crimes, novas formas de fraudar em pequenas situações como em trabalhos acadêmicos, alguns atos ilícitos passaram inclusive a ser questionados ou ignorados, como uso indevido de direitos autorais. Mas devemos ter muito cuidado ao culpabilizar um meio por consequências ruins de seu uso. Será que a Internet é culpada pela índole de quem comete tais atos ou por alguém que aproveite uma situação que lhe apareça? Será que ela é um meio ou uma oportunidade?

Definitivamente, concordo com a psicóloga Juliana Zacharias (2007), da PUC São Paulo, quando ela diz no capítulo "Sexo na net: será que algo mudou?", do livro *Relacionamentos na era digital* que "quando revemos todas as formas que o homem, ao longo de sua história, encontrou para dar vazão aos seus desejos, parece-nos muito redutivo imaginar que uma tecnologia controla ou determina novas formas de expressão do desejo humano", já que a Internet não deixa de ser nada mais além do que uma tecnologia criada pelo próprio homem, para satisfazer suas necessidades e facilitar sua própria vida.

Open source e *do it yourself* – direito de posse de informação

Escolhi esses dois tópicos para iniciar porque acredito que eles mudaram a forma de muitos usuários encararem a Internet, desde os superusuários a programadores ou àqueles que eventualmente acessam a rede e sequer conhecem esses dois termos. O primeiro traz a ideia de livre estante na Internet na qual o acesso parece (e apenas parece) irrestrito, e o segundo fala do poder de cada um fazer aquilo que deseja – não no sentido de liberdade de ato, mas de possibilidade de ação.

Eles parecem *linkados* porque aparentemente só se pode fazer o que se deseja se existe abertura para isso, mas não é exatamente esta a perspectiva. Esses dois conceitos estão totalmente relacionados porque a comunidade é receptiva com *softwares* com os quais ela também possa contribuir ou obter por meios lícitos. Esse sentimento é geral na Web 2.0, o de abrir à comunidade e deixar que ela mesma faça, que é justamente a premissa do *do it yourself* [faça você mesmo], que vamos discutir ao longo desse capítulo, ao analisar novas formas de fazer parte da rede e de desejo de fazer na rede.

Open source [fonte aberta] significa que o código fonte de um programa é aberto, ou seja, ele é um *software* livre, pode ser aprimorado por usuários de todo o mundo e deve ter sua distribuição livre, podendo ser adquirido gratuitamente. Para Pisani e Piotet (2010), o código aberto chega a ser uma filosofia de dinâmica relacional. Os autores consideram que a sua contribuição ao desenvolvimento da *web* é importante por pelo menos duas razões: primeiro porque se trata de uma filosofia baseada na abertura, no intercâmbio, no compartilhar e na inteligência coletiva; e segundo porque os aplicativos poderão ser reutilizados e melhorados eternamente, e de acordo com as necessidades da própria *comunidade* (grifo do autor).

É isso que o movimento do Open Source defende, e assim, todos saem ganhando. Esse movimento surgiu em 1998 em meio ao anúncio da Netscape sobre a publicação dos códigos-fonte da última versão do seu navegador. Tim O'Reilly lançou o movimento no Congresso *freeware* e, com isso, não tardou em surgir novos aplicativos que poderiam ser adquiridos com simples *download* e outras formas de trabalho mais abertas e baseadas na colaboração. Como bem define Pisani e Piotet (2010):

> (...) um aplicativo *open source* não é um programa sem licença. É um programa cuja licença é aberta, com redistribuição autorizada, e cujo código fonte está disponível, permitindo trabalhos derivados. (...) Essa concepção aberta permite ver a *web* como uma excelente ferramenta de troca e de alojamento de dados numa ótica colaborativa e de intercâmbios. Para compartilhar um programa é necessário que ele esteja disponível! E a *web* é um lugar privilegiado para colocá-lo à disposição. (pp. 103-104)

O código aberto acabou quebrando diversos paradigmas ao apresentar um modelo comercial colaborativo no qual todos podem ganhar e a propriedade intelectual e a experiência profissional são compartilhadas. Ele causou um impacto tão grande que já existem projetos similares no setor de eletrônica, química e robótica. Como conceito, tende a se espalhar e continuar abrindo possibilidades na Internet.

O fato de disponibilizar programas gratuitamente abala economicamente alguns outros que são vendidos e comercializados sem tais princípios. De qualquer forma, é sabido que muitos programas que não têm licença de distribuição gratuita acabam sofrendo com pirataria, portanto algumas empresas acabam se rendendo também à filosofia. Mas uma consequência disto é o usuário comum acreditar que se uns disponibilizam seu produto, todos também poderiam fazê-lo.

De fato, podemos pensar dessa forma, quando não conhecemos os gastos de todas as empresas, seus custos de produção e as finalidades de seus produtos. Mas o que vem ao caso é que da mesma forma que esse comportamento acaba gerando uma busca pelo gratuito, muito do que está na Internet também parece pedir livre acesso. Mas não é bem assim. A tendência da colaboração não significa que tudo deva estar disponível, mas que a empresa também vê um benefício naquela abertura de código, seja porque vai fazer de seu produto mais conhecido, mais usado, ou aprimorado gratuitamente também.

O que importa para nossa discussão aqui é em que isso afetou o comportamento de muitos usuários que já não aceitam pagar por um serviço *online* e acreditam que o que está disponível, e o que não está, possa ser usufruído. É a economia do aproveitar. E aproveitar algo que está na Internet para produção de algo derivado é comum entre superusuários ou programadores, como por exemplo, mesclar um programa com outro em busca de alguma nova finalidade e vantagem de uso, desenvolvendo os chamados *mashups*. Essa forma de aproveitar as ferramentas disponíveis na Internet pode ser feita de forma ilícita ou totalmente legal, partindo do pressuposto que nem todos os programas são *open source*. Muitas são as maneiras de se aproveitar esses recursos e o interessante é que alguns usuários não conseguem sequer diferenciar o que chega a ser ilegal ou antiético. Podemos pensar em formas desde usar uma apresentação profissional disponível no SlideShare[2] para plagiar informações em uma outra apresentação bem parecida ou utilizar na íntegra em algum projeto audiovisual músicas de grupos que não colocam sua obra disponível para usos comerciais.

É certo que muitos usos não são corretos, mas não chegam a causar danos materiais às empresas ou pessoas físicas, mas outros sim, além de mal-intencionados, podem ser prejudiciais e enquadrados em crimes de direitos autorais, de quebra de sigilo, entre outros. Da mesma forma que o sentimento de "faça você mesmo" leva as pessoas a descobrirem novas formas de conseguir realizar aquilo que não se viam capazes anteriormente, faz também com que elas se aventurem em diversas maneiras de concluir uma tarefa, pegando na estante e usando aquilo que encontram disponível ou o que consideram que conseguem pegar independente de autorização.

Assim, um sentimento de posse pelo que se encontra na Internet é retroalimentado entre os indivíduos, que inclusive acreditam que têm direitos sobre tudo que entra nela e, uma vez lançado na rede, ali deve permanecer. Há dois exemplos bastante emblemáticos do quanto os usuários querem e chegam mesmo a

---

[2] *Site* com o intuito de compartilhar entre usuários apresentações de diversos autores e temas, desde trabalhos universitários a palestras profissionais. www.slideshare.com

reivindicar a disponibilidade de informação na Internet. Eles não são representativos do movimento *open source*, mas mostram o quanto uma informação dificilmente fugirá do desejo de conhecimento e divulgação dos usuários.

O primeiro, bastante conhecido dos brasileiros, foi o caso do vídeo em que a apresentadora e modelo Daniela Cicarelli aparecia em cenas de intimidade com seu namorado em uma praia espanhola. O vídeo já tinha ganhado muita audiência e girou o país até que ela entrou com uma liminar para excluí-lo do YouTube. Mesmo com a autorização, conseguida na justiça, para retirá-lo do ar, chegando mesmo a deixar sem acesso ao *site* do YouTube por horas, e muito provavelmente, levadas por um sentimento de não adianta proibir, pois já é de domínio público, muitas pessoas não paravam de postar em seus *blogs* e enviar por *e-mails*, formas de ter acesso ao vídeo.

A partir desse vídeo, que com a polêmica na justiça se tornou ainda mais procurado e conhecido, surgiram inclusive paródias, uma delas feita pela Secretaria da Saúde do Rio Grande do Sul, para a prevenção contra a dengue[3]. E assim, qualquer pessoa que quisesse ver o vídeo da modelo e deixou de conseguir por alguma proibição, ainda que judicial, que o tirou do YouTube, mas não do alcance de usuários interessados.

O segundo caso é o do Digg!, o *site* de notícias automoderado mais popular dos Estados Unidos, no qual foram postados em abril de 2007 códigos que correspondiam a uma das chaves digitais para se fazer cópias HD de DVDs e discos *Blu-Ray*[4] e os advogados da indústria de entretenimento pediram formalmente a retirada desses dados do *site*, alegando violação de segredo

---

[3] www.youtube.com/watch?v=vIFrYK20AG0&feature=related
[4] Discos ópticos de alta densidade criados para armazenar dados e imagens de alta definição.

industrial e o Digg atendeu ao pedido, apagando páginas e contas de quem insistia em publicar os códigos. A reação foi imediata, e os usuários passaram a postar em massa a chave de diversas maneiras, como em formato de chaves musicais ou o quanto a imaginação alcançasse.

Assim, como os textos escolhidos por votação iam parar na *home* do *site*, esta já estava cheia de *links* para a chave e os administradores do *site* recuaram da decisão de apagar o conteúdo e punir responsáveis, e Kevin Rose, sócio fundador da empresa, lançou o comunicado publicado no próprio Digg:

> Agora, depois de ver centenas de histórias e ler milhares de comentários, vocês deram o recado. Vocês preferem ver o Digg derrotado lutando do que vê-lo abaixar a cabeça para uma companhia maior. Nós estamos com vocês e a partir de agora não apagaremos os artigos e os comentários contendo o código e enfrentaremos as consequências que aparecerem. (*online*)

Assim, o *site* mostrou que quanto mais eles fossem contra ou o processassem, mais o código seria divulgado, demonstrando desta forma que quando querem, independente da razão, excluir algo da Internet é quando os usuários buscam mais incessantemente formas de ver e divulgar para que mais pessoas vejam. É como se houvesse um estado de consciência que o que chega a domínio público, assim deve continuar sendo. Os usuários sabem que pela Internet fica difícil esconder algo e já não querem aceitar a falta de informação, ainda que esta não seja para alguma finalidade essencial, mas o importante é saber que o acesso é livre e ele pode conhecer.

A casa da mãe Joana

A ideia de que a Internet é de todos e um lugar público onde tudo é possível traz a ilusão de que não existem regras, quando na verdade elas são as mesmas da vida não virtual. As leis também devem ser cumpridas *online* e as pessoas também devem respeito umas às outras *online*. Se ao entrar em uma sala onde há somente uma pessoa, esta, por convenção social, não deveria tirar a roupa e mostrar as partes íntimas a você sem razão aparente, também ao iniciar uma conversa em um bate-papo *online*, isto não deveria acontecer. Mas para alguns usuários, protegidos pela distância e pelo anonimato, isso pode ser um comportamento tão comum quanto banal.

Da mesma forma que fazer uma pesquisa sobre algum tema raro e encontrá-lo hoje se tornou possível na Internet e é até mais provável que se encontre resultado sobre temas raros na Internet do que em outros meios, também a facilidade em se encontrar qualquer outra coisa gerou consequências boas e más, entre elas o *download* de músicas e filmes e a pirataria e prejuízos a gravadoras.

A impressão que o usuário em geral tem é que como está disponível na rede, pode-se usar da forma que se quer qualquer produto feito por quem quer que tenha sido o responsável. Esse aspecto de um lugar onde todos podem se expressar acabou por trazer também um lado negativo no que diz respeito à autoria. Pois o uso feito da Internet acaba colocando em xeque algumas das grandes questões, como originalidade, plágio, autoria, direito autoral, liberdade de expressão, censura etc.

Se antes, um autor de um romance ou de um texto educativo/informativo tinha o *status* de autor, impunha aquilo e necessitava saber o que estava falando, tinha o prazer de alimentar a imaginação e a curiosidade de seus leitores, na Internet qualquer um pode ser como ele. Não existe mais esse *status*, consequentemente, o leitor deve ser mais crítico ou não poderá distinguir discursos totalitários, preconceituosos e catequizantes daqueles que oferecem uma informação genuinamente de qualidade. Keen (2009) acredita que:

> Nossas atitudes com relação à "autoria" estão passando também por uma mudança radical em consequência da cultura democratizada da Internet de hoje. Num mundo em que público e autor se confundem, tornando-se cada vez mais indistinguíveis, e onde é quase impossível verificar a autenticidade, a ideia de autoria original e propriedade intelectual ficam seriamente comprometidas. (...) Recortar e colar, é claro, é uma brincadeira de criança na Web 2.0, tornando possível uma nova geração de cleptomaníacos intelectuais, que pensam que a capacidade de recortar e colar uma opinião ou um pensamento bem formulados os transforma em seus. (p. 26)

Além do problema da existência de imensa quantidade de material disponível na rede, boa parte dela considerada por muitos lixo eletrônico, há o problema da falta de cuidado ao ler as informações. Não é raro encontrar, por exemplo, poesias de um determinado autor divulgadas como sendo de outro, também conhecido e, por vezes, vivo e ciente de que nunca escreveu tal texto. Keen acrescenta que "como grande parte do conteúdo gerado pelo usuário na Internet é publicado anonimamente ou sob pseudônimo, ninguém sabe de fato quem é o verdadeiro autor desse conteúdo autogerado".

Isso é preocupante quando pensamos que hoje muita informação já não é verídica, mas é tomada por muitos usuários desavisados como tal. Imaginemos em um curto prazo de dez anos, quanto mais teremos de informação para assimilar, organizar e descobrir se a fonte realmente condiz com a verdade. O mesmo autor, que é bastante pessimista com relação aos efeitos da rede sobre os usuários e as consequências de seus diversos usos, considera absurdo que na Wikipedia, um especialista em determinado tema tenha o mesmo poder de um "amador" ao escrever sobre este tema e que a enciclopédia virtual sustente esta democratização.

A utilização desse material como de uso comum de todos, e a facilidade em encontrar vários temas, diversos autores e se apropriar dessas informações, acabou gerando uma facilidade para aqueles que desejavam copiar trabalhos acadêmicos, como monografias, ou plagiar outros tipos de conteúdo.

Da mesma forma, se baixar música se tornou tão corriqueiro que muitas gravadoras e artistas se renderam e já encontraram alternativas diante desse comportamento (como a da banda *Radiohead*, que em 2007 disponibilizou seu álbum pela Internet e os fãs escolhiam quanto gostariam de pagar pelo CD), surgiram também as várias violações de direitos autorais. Usuários lançam trabalhos, como *podcasts* com músicas completas sem a devida autorização, utilizam material gráfico ou livros que não possuem licença para serem utilizados livremente. O mais interessante é que alguns sequer têm consciência de que uma obra com direitos autorais não pode ser utilizada por ele para qualquer finalidade sem a devida autorização.

***

Da mesma forma que na Internet parece normal sair pegando objetos da sala ou do quarto e levando consigo sem o consentimento do dono, parece tão comum quanto chegar deixando lixo ou qualquer outro objeto espalhado pela casa alheia. E assim, além desta sensação de empoderamento, algumas formas de chegar a outros indivíduos, seja para divulgar/depositar uma mensagem ou descobrir/apropriar-se de uma informação, de fato, surgiram com a Internet.

Uma delas iniciou quando se percebeu o quanto era fácil enviar um *e-mail* com algum anúncio a uma lista de amigos. Mas e por que ficar somente em uma lista de amigos, quando se pode ampliar essa rede? Empresas começaram a enviar *e-mails* a clientes cadastrados em seus *sites* ou que em alguma ocasião deixaram seu contato. Isso foi-se alastrando ao ponto de *mailing* de *e-mails* aleatórios, ou não, serem vendidos a empresas ou pessoas que querem divulgar um trabalho ou com diversas outras finalidades.

Os chamados *spams* são algo detestável para qualquer usuário de *e-mail*, tanto que os próprios correios eletrônicos começaram a desenvolver filtros para barrá-los e não incomodar tanto o dono da conta. Uma forma de comunicação invasiva, e que acaba sendo utilizada também para disseminar vírus e atingir uma maior quantidade de pessoas em menos tempo, possibilitando a ação de *hackers* com intenções ilícitas, como espionar movimentos do usuário na tela do computador, descobrindo, com isso, informações pessoais, senhas de banco etc.

Assim, começou também o receio daqueles que espalham vírus ou ingressam em redes protegidas, como de governos ou de bancos, como se fossem brincadeiras, para tirar proveito de alguma informação ou apenas como desafio. Os *hackers* podem ser de diversos tipos, inclusive aqueles que não acreditam estar cometendo crime algum invadindo a segurança de um *site* para um fim que considera justo. Mas, antes de mais nada, eles têm em comum a grande habilidade em lidar com segurança de rede, chegando a ser profissionais ou simplesmente exímios conhecedores de sistemas.

Algumas categorias mais comuns entre os *hackers* são: os *crackers*, especialistas em fraudes eletrônicas, roubo de senha de cartões e outros golpes virtuais; os *defacers,* aqueles que se especializam em invadir *sites* para pichá-los e vandalizá-los. São muitos os que cometem atos ilícitos, mas muitos também são os que invadem sistemas pelo simples prazer da contravenção, de autoafirmar-se em meio a outros *hackers* como aquele que conseguiu o feito de invadir um sistema de alta segurança, ou simplesmente são movidos pela ideologia do conhecimento.

Como comentam Campos e Fortim (2007), no capítulo "Uma breve análise da vida *hacker*", do livro *Relacionamentos na era digital*, grande parte dos *hackers* é formada por jovens, principalmente adolescentes, o que podemos tentar entender melhor qual a dinâmica psíquica que faz com que eles pratiquem atos que os podem levar à cadeia (no caso de países como os Estados Unidos que aplica leis aos menores de idade), mas que também os podem levar do anonimato ao reconhecimento público como aquele que realizou um grande feito, ilícito, mas brilhante.

Levando em conta que praticamente todos os adolescentes procuram se afirmar nos grupos a que pertencem e possuem um especial prazer por transgredir regras, ainda que corram riscos, mas assim podem mostrar que também possuem poder, fica mais fácil avaliar as razões pelas quais alguns deles escolhem essa forma de expressão, pois é assim que muitos conseguem afirmar uma individualidade, mostrando que são capazes de feitos e que também têm condições de manipular e ditar regras.

Assim, um adolescente, que ainda não é considerado um adulto, apenas está dando a resposta àqueles que o consideram incapazes ainda para muitas coisas. Invadindo um sistema, ele tem total controle e poder. É ele quem dita as normas ou irá transgredir mais uma vez. Ele consegue abandonar, na condição de "responsável" por aquela atividade, a sensação de impotência que possui. Enquanto muitos deles ainda vivem sob as regras dos pais em casa, no mundo virtual eles se tornam gigantes tais como as grandes companhias que chegam a se sentir vulneráveis se são vítimas de suas ações.

Como avalia Campos (2007), as conquistas desses jovens também necessitam da validação e reconhecimento do grupo. Afinal, muito pouco valerá invadir um *site* e ninguém ficar sabendo, além do próprio dono do *site*. O grupo de outros *hackers*, ainda que só se conheçam virtualmente, é muito importante para servir de estímulo a conseguir mais feitos e são eles a maior e mais importante plateia. Isto quando o feito não chega a ser tão magnânimo, a ponto de ser divulgado na imprensa e o país ou o mundo inteiro chega a conhecer tal fraudador.

Um fator motivador para que alguns jovens cheguem a tentar cada vez mais fraudes desafiadoras é saber que por mais que as empresas os temam, algumas grandes corporações já chegaram até mesmo a contratar jovens gênios da tecnologia que descobriram segredos e chaves de aparelhos ou sistemas eletrônicos ou ingressaram em redes altamente seguras e divulgaram esses segredos na Internet, ganhando fama, no mínimo, entre os mais aficionados pelo tema.

Nunca fale com estranhos – ameaças pela rede

Se você sempre ouvia dos seus pais para não conversar com estranhos na rua e já reproduziu ou vai reproduzir essa mesma frase aos seus filhos, este medo parece ter-se tornado há poucos anos ainda pior. Se as ruas estavam perigosas, na concepção dos pais, as crianças em casa, a mercê de alguém mal-intencionado do outro lado da tela do computador começou a se tornar, além de casos de polícia, uma preocupação constante.

O uso das ferramentas disponíveis *online* ainda está sendo aprimorado por boa parte das pessoas, principalmente aqueles que não cresceram com a existência da Internet, e isso naturalmente já causa receio e desconfiança. Ao se deparar com frequentes casos de histórias sobre excessiva exposição de jovens pela rede, colocando-os potencialmente em perigo, os pais começaram a ter mais cuidado com a liberdade dos filhos na Internet, com medo de que se relacionem com sequestradores ou pedófilos.

O mais estranho e assustador para alguns pais é que, ainda que muitas crianças sempre tenham sido orientadas a não falar com estranhos na rua, pela Internet isso não parece perigoso, mas sim muito comum que elas travem frequentemente diálogos com estranhos em bate-papos e mesmo em comunidades de redes sociais. E, assim, o estranho passa a ficar íntimo. Para muitos, isso significa fazer novas amizades, para outros, é colocar a própria segurança em risco. Já, para outras famílias, é um temor admitir uma sexualização precoce desses jovens, cujo contato com outras pessoas permite aflorar e realizar mais facilmente alguns desejos, pelo fato de o meio *online* parecer inofensivo ou intocável.

Um dos mercados que mais movimenta dinheiro é o do sexo. Não é diferente na Internet e por isso mesmo esta é uma das maiores preocupações dos pais em relação aos filhos. *Sites* que oferecem profissionais do sexo ou onde se podem descarregar fotos e vídeos gratuitos de atores e amadores, salas de bate-papos com o objetivo claro de atrair usuários para práticas de sexo virtual estão disponíveis a qualquer um que, com um clique, admita ter mais de dezoito anos, ainda que não tenha.

As relações sexuais adquirem novas formas de expressão e alguns atos ilícitos também fazem parte desse mundo. Bem como outras possibilidades, como a traição e o sexo virtual. A pedofilia ganhou espaço na rede, com quadrilhas especializadas em burlar filtros e comercializar fotos e imagens de crianças e adolescentes envolvendo pornografia. Mas o maior perigo é justamente a possibilidade de estes indivíduos se aproximarem e abusarem dos filhos que estão em casa usando inocentemente a Internet, achando que estão fazendo amizade ou tendo uma conversa interessante com alguém mais velho ou mesmo alguém de sua idade, pois não é raro que adultos, para ganharem a confiança de crianças, finjam ter a mesma idade.

Muitas dessas crianças sequer conseguem compreender qual a intenção de alguém com quem está conversando em um bate-papo que faz perguntas relacionadas a sua genitália ou roupas íntimas. Por isso, além de monitorar com frequência as atividades do filho na Internet, ainda que a criança seja bem pequena ou já seja um adolescente, os pais devem estar atentos a qualquer pergunta estranha, comportamento muito fora da rotina envolvendo dúvidas com relação a sexo e adultos, pois pode ser apenas curiosidade natural infantil ou uma possível ameaça *online*.

Outra questão preocupante são as informações que os jovens passam não apenas a pessoas desconhecidas, mas que deixam disponíveis em seus perfis em rede sociais. As razões porque os jovens querem dar informações de suas vidas, de sua rotina, de sua personalidade são as mais diversas, desde mostrar aos amigos quem eles são, a fazer com que todos saibam que eles vivem coisas interessantes, conhecem bandas diferentes, sabem sobre vários assuntos, ou seja, contar vantagem, entre outros motivos.

Assim, o perigo está em quem pode ter acesso a essas informações e o quanto elas são esclarecedoras a respeito do jovem:

se fica fácil encontrar a escola onde estuda, o local onde mora ou frequenta com os amigos. Se fica fácil se aproximar de alguém de quem já se conhece os gostos, fica ainda mais fácil encontrar alguém que deixa claro onde costuma estar e quando.

Não é exagero dizer que correm perigo os jovens que não se atentam para a alta exposição, pois não são poucos os que se envolvem em casos de sequestro ou abuso por confiar em desconhecidos ou oferecer demasiada informação particular. Outra prática envolvendo sexo e exposição são jovens que se deixam fotografar ou filmar por namorados ou "ficantes" e se deparam com suas imagens repassadas pela rede.

Principalmente as adolescentes não fazem ideia de quanto isso pode prejudicá-las na busca por um emprego, na escola, no bairro entre conhecidos, ou dentro de casa. Caso de meninas que são humilhadas por colegas de escola ou mesmo familiares que sofrem com o repúdio ou brincadeiras desagradáveis por conta de exposição de adolescentes que intencionalmente permitem que sejam feitas imagens despidas ou praticando sexo com uma ou mais pessoas. Algumas delas chegam a fazer suas próprias fotos e vídeos com cenas sensuais e colocam em redes sociais ou enviam a contatos que fazem pela rede. Como diz a antropóloga americana Danah Boyd (2008a) sobre a exposição de adolescentes desavisados:

> Mídia Digital cria uma persistência de memória. Os adolescentes de hoje são pesquisáveis simplesmente através de seus perfis. Isso é ótimo quando eles querem ser encontrados, não tão bom quando os pais, professores e outros que têm poder sobre eles estão procurando por eles. (*online*)

A sexualidade dos jovens parece se banalizar quando eles têm acesso muito facilitado e isso se torna quase uma brincadeira sem consequências, mas o que ocorre não é tão simples e não se esquece facilmente quando atinge toda uma família. Em 2010, dois adolescentes brasileiros, ela de catorze anos e ele de dezesseis, transmitiram sua relação sexual ao vivo pela *Twitcam*, onde outros usuários puderam ver as imagens. Os dois foram enquadrados no Estatuto da Criança e do Adolescente (ECA) pela exposição de menor de idade em registro que contém cena de sexo explícito ou conteúdo pornográfico. Nesse caso, os menores são eles mesmos. Após o ocorrido, eles já se disseram arrependidos e pessoas que nem os conheciam se manifestaram em várias redes sociais, comentando o quanto consideravam inadmissível essa postura. Por conta desse acontecimento, a mãe da adolescente afirmou à imprensa que estava pensando em ir embora da cidade onde vivia e a filha já não conseguia frequentar a escola em decorrência do repúdio e constrangimento sofridos.

Portanto, os adolescentes devem ser alertados de que essa prática, conhecida como *sexting*, pode prejudicar seu futuro. *Sexting*, um trocadilho com o termo *texting* usado para a troca de mensagens de texto em celulares, passou a ser uma preocupação para pais e escolas em diversos países por conta da proliferação de celulares equipados com câmeras e de *sites* de redes sociais. Uma imagem pode se espalhar e não será recuperada, podendo manchar a imagem de alguém para sempre.

Mas deve-se levar em consideração que a Internet é apenas o meio que as próprias pessoas utilizam para incitarem umas às outras. As fotografias e vídeos estão disponíveis também porque alguém disponibilizou, não estão nascendo aleatoriamente de *sites* reprodutores, mas foram "subidas"[5] por outros usuários e, por isso, estão disponíveis. Portanto, a nenhum lugar chegamos com um discurso de culpabilizar a rede pela pedofilia, pelas fraudes, pois

---

[5] Quando um arquivo é colocado *online*, diz-se que ele foi subido, do inglês *upload*.

nada disso ocorreria se pessoas mal-intencionadas não tivessem a intenção de cometer crimes, e bem como as ruas, a Internet é usada por profissionais éticos, crianças, idosos e também criminosos.

***

Mas por toda a ideia de o indivíduo parecer protegido pela tela do computador e conseguir expor-se mais facilmente, outros comportamentos também afloram e geram polêmica no momento de decidir se são reprováveis ou não. As opiniões ainda divergem quando se discute, por exemplo, sobre traição na Internet, que ainda gera polêmica e é um comportamento presente na vida de muitos casais. Encontros amorosos e sexo virtual ainda parecem atividades inocentes para muitos usuários que não consideram isso traição, mas sabem que devem fazê-lo escondido de seu/sua parceiro(a).

A Internet trouxe outras possibilidades que acabam sendo inusitadas para muitos. Fora do espaço virtual, homens e mulheres já possuem conceitos diferentes do que seja traição, levando a uma longa discussão, e quando acrescentamos a intermediação na rede, chegar a um consenso parece muito mais complicado. Muitos consideram que teclar com alguém desconhecido não significa muito mais do que ter uma fantasia, mas essas relações são reais e podem ser levadas adiante, magoar e gerar sentimentos conflitantes no relacionamento já existente.

Sites de busca de relacionamento amoroso, salas de bate-papo de encontros e mesmo as redes sociais mais usadas parecem ameaças frequentes para muitos casais. Não é raro encontrar perfis em Orkut com o nome do casal que utiliza um único perfil ou namorados e namoradas que não permitem que seus parceiros(as) construam perfis, ou mesmo aqueles que afirmem não fazer "para evitar confusão". Não podemos dizer que de fato na Internet não seja mais fácil conhecer outra pessoa, já que estão disponíveis listas de homens e mulheres com seus gostos, características (as citadas), fotos, entre outros dados. Mas também não podemos considerar que isso seja uma isca necessariamente aproveitável, pois é preciso um esforço de busca e disposição para concretização.

Com relação a isso, consideramos que são as pessoas que trazem consigo comportamentos que já carregam fora da rede e vêem nesta apenas mais uma oportunidade. Se a Internet é apenas um meio, uma ferramenta para que as pessoas entrem em contato umas com as outras e realizem outras atividades de seu interesse, não há como acusá-la de causadora dos comportamentos. Ela possibilita algumas práticas que seriam impossíveis sem sua existência, como encontrar fotografias, vídeos e músicas sem sair de casa, entre outras milhares de funções possíveis, mas não incita as pessoas a realizarem qualquer atividade que não seja colocada em prática por vontade dos próprios indivíduos.

Geração Y – depois da X e antes da Z

A chamada geração Y é composta daqueles jovens que nasceram no final da década de 1970 até meados da década de 1990, ou seja, cresceram sabendo que existia a Internet e aprendendo a usá-la. Essa geração também é denominada por alguns de Geração da Internet. São jovens que nasceram em um período já democrático e assim também cresceram donos de suas escolhas, em busca de autorrealização e dispostos a quebrar regras. Não são mais pessoas que se conformam fácil e permanecem em atividades que as desagradam.

Nascidos em um mundo mais estável ou mais favorável à estabilidade econômica e liberdade, com menos guerras que envolvam boa parte dos países, os jovens puderam direcionar suas preocupações a valores menos essenciais anteriormente, como bem-estar e enriquecimento pessoal. Da mesma forma, seus pais também sentiram as mudanças na sociedade e puderam mimar mais e estar mais próximos de seus filhos.

Diferentemente de seus antecessores da Geração X, aqueles nascidos entre o início dos anos 1960 e o final da década de 1970, os jovens da geração Y vislumbram um futuro promissor e enxergam possibilidades inúmeras para lográ-lo, ainda que não considerem fácil esta conquista. O termo Geração X foi criado pelo famoso fotógrafo Robert Capa, em 1950, que chegou a utilizá-lo como título de um ensaio fotográfico sobre homens e mulheres jovens que cresceram imediatamente após a Segunda Guerra Mundial.

A jornalista britânica Jane Deverson, usou o termo em um estudo de 1964 sobre a juventude de seu país. O estudo revelou uma geração de adolescentes que considerava normal ter relações sexuais antes do casamento, não mantinham grande crença em Deus, não eram grandes apreciadores da Rainha Elizabeth II nem respeitavam os pais. Sua pesquisa foi publicada em coautoria com o também jornalista Charles Hamblett, em um livro entitulado *Generation X* [Geração X].

Assim, enquanto os jovens da geração X pertenciam a uma realidade mais analógica, vivenciaram transformações sociais, políticas, culturais, sexuais, ditadura e democracia, a Y é uma geração tecnológica, digital, apolítica, globalizada e individualista. Portanto, entre as diversas características que pesquisadores utilizam para qualificar essa geração, uma das principais é o desenvolvimento convivendo com máquinas digitais, sejam elas computadores, celulares, televisão etc.

Crescendo com forte convivência com máquinas seja para aprender, divertir-se ou mesmo em situações corriqueiras como realizar atividades em bancos, hospitais etc., esses jovens também se acostumaram a ter seus hábitos sempre questionados como benéficos ou maléficos à saúde e seu desenvolvimento. O Departamento de Educação dos Estados Unidos já revelou que crianças que utilizam programas de computador para aprender têm notas acima da média e são mais motivadas.

Segundo matéria da Revista Galileu *Online*, outros estudos americanos afirmam que quem convive com ferramentas *online* chegam até a desenvolver um sistema cognitivo diferente. Isso se deve também à quantidade de estímulos que fazem com que o indivíduo se acostume a ser um "multitarefas". Ou seja, têm mais coisas a fazer em menos tempo, porque têm mais desafios e vontades e, por isso, precisam ser mais rápidos e eficientes.

Um ponto muito importante a ser discutido sempre é o quanto a Internet vem atingindo crianças e jovens, que cada vez mais utilizam o computador e ficam mais tempo conectados à rede, interagindo com outros, jogando ou navegando nos *sites*. É inquestionável o quanto os pais ainda devem impor limites de tempo e por onde suas crianças podem navegar e o quanto devem orientá-las sobre conhecer estranhos e dar informações de sua vida privada, mas estudiosos do campo da pedagogia ainda vêem com restrições algumas das anunciadas vantagens da Internet.

Jane Healy (como citado em Cunha, 2004, em "No balanço da rede", no livro *Culturas em fluxo: novas mediações em rede*, p. 64), pedagoga com anos de pesquisa com centenas de alunos, alega ainda não ter visto grandes progressos em relação ao aspecto cognitivo da relação homem/máquina e afirma que mesmo *softwares* voltados à educação chegam mesmo a trazer prejuízos à criatividade, atenção e motivação. Segundo ela, os maiores deles são mais dificuldade de socialização, de realizar pesquisas complexas e de construir relatos mais longos.

Essa opinião não é compartilhada por muitos outros especialistas, mas sem dúvida o consenso é de atenção quando crianças passam tempo demais diante de computadores, ainda que em atividades educativas, pois de qualquer forma, deve ser dosado com o número de horas ao ar livre ou interagindo com outras crianças, em atividades esportivas etc. O uso da Internet entre crianças já é comum e útil quando elas encontram ali diversas fontes de pesquisa e razões para se tornarem mais curiosas sobre assuntos disponíveis que lhes tragam aprendizado útil. Também jogos indicados para as idades específicas podem ser muito benéficos na melhoria de atenção e rapidez de raciocínio.

Outro aspecto a ser considerado é o de presença em redes sociais. Enquanto estão interagindo com colegas e desconhecidos, aprendendo, trocando informações, divertindo-se, muitos pais se preocupam pela exposição de seus filhos na rede. Muitos destes ainda são jovens o suficiente e não compreendem que pode ser perigoso se expor tanto ou mesmo eles próprios podem vir a se arrepender do que mostraram e disseram *online*. Mas isto não é motivo para a proibição do uso da Internet ou para culpabilizar a rede e as máquinas por comportamentos não esperados pelos pais. Segundo a pesquisadora Danah Boyd (2010):

> Novas formas de mídias têm alterado como a juventude socializa e aprende, e levanta um novo conjunto de questões que os educadores, pais e formuladores de políticas devem considerar. Contrariamente à percepção dos adultos, enquanto estão se encontrando *online*, os jovens estão adquirindo habilidades sociais básicas e técnicas que necessitam para participar plenamente na sociedade contemporânea. Erigir obstáculos à participação priva os adolescentes de acesso a estas formas

de aprendizagem. Participação na era digital significa mais do que ser capaz de acessar informação e cultura *online*. (*online*)

Boyd (2009a) considera que além de vantajoso, o espaço virtual pode ainda propiciar aos jovens o benefício de educadores mais abertos a formas de experimentação e exploração social, o que geralmente não encontramos nas instituições educacionais tradicionais. Esses jovens estão mais aptos, porque estão habituados a essas formas de contato com a informação e com seus pares. Segundo a pesquisadora, os jovens acabam respeitando uns aos outros *online* e, em boa parte das vezes, são mais motivados a aprender com colegas do que com adultos. Isso mesmo porque querem estar "antenados" em novas tecnologias ou tendências que consideram fora do mundo dos "mais velhos". Para a autora, esses jovens têm uma forma de aprendizado que rege esforços em grande parte de maneira autodirigida, mais individualizada, e o resultado emerge por meio da exploração, em contraste com a aprendizagem em sala de aula que é orientada por objetivos prédefinidos e estabelecidos.

Os jovens, representantes da geração Y, que cresceram com forte contato com tecnologia, acesso virtual, ferramentas de compartilhamentos e de troca, também querem encontrar esse mesmo cenário no ambiente de trabalho e se deparam com regras e impedimentos com os quais não estão acostumados e isso pode ser um entrave no desenvolvimento profissional e até mesmo pessoal. A realidade das empresas, principalmente as mais tradicionais, antigas e com quadro de funcionários de outra geração, geralmente não está adaptada a compreender esses jovens e suas necessidades.

Muitas empresas vêem diversos aspectos positivos nesses jovens, pois são pessoas ambiciosas e dispostas e aprender, informar-se e correr atrás de seus objetivos em busca de sucesso e dinheiro. No entanto, essa competitividade por vezes pode ser exagerada, revelando muitos outros aspectos negativos como imediatismo, individualidade, insubordinação, demasiada ansiedade em crescer profissionalmente, superficialidade e se cansam rapidamente da maioria das coisas. Como bem define Ruy Leal (2010), consultor e professor, superintendente geral do Instituto Via de Acesso, em entrevista à Revista Qualimetria FAAP, os jovens da geração Y:

> (...) são os superpreparados tecnologicamente e possuem superinformação. São superprotegidos pela família. São entretanto, superdespreparados na área comportamental. Possuem superdificuldades para lidar com a frustração. Eles viverão mais, mas também trabalharão mais tempo. Não se concentram no mercado de trabalho. São imediatistas e individualistas. O mercado não contrata amadores. (...) é preciso estar antenado, ser esperto, dedicado e determinado. (p. 77)

Esses jovens precisam constantemente de mais informação, de estar em contato com seus pares, de trocar experiências, de fazer várias tarefas ao mesmo tempo, de novas razões para se sentirem motivados. Com isso, o comportamento é de necessitar maior interação e conhecimento que na maioria das vezes encontrariam na Internet. As empresas ainda não estão acostumadas com esse estilo de vida e de trabalho, bem como os jovens também estão tendo dificuldades para se adaptar e é uma constante que eles não queiram sofrer o início da profissão e almejem uma promoção antes do primeiro ano de trabalho. É, portanto, um momento de transição, em que uns estão ainda descobrindo como se adaptar aos outros.

Muitos profissionais em início de carreira cometem erros em suas empresas sem a consciência de que aquele trabalho é uma parte de suas vidas e não ele é a vida da empresa. Dessa forma, acabam agindo como se comportam com relação à sua vida pessoal, divulgando informações da empresa, falando o que pensam de bom e ruim dela em *blogs* pessoais etc. É necessário que tenham mais informação sobre as consequências de se divulgar informações corporativas, pois a falta de maturidade com relação ao risco que a falta de privacidade permeia não deveria sequer estar presente em suas vidas pessoais, ainda menos na profissional, pois o risco é multiplicado aqui.

Um jovem acostumado com o iPhone, onde instala e desinstala aplicativos com facilidade, sente um grande impacto quando tem de lidar com bloqueios de *sites*, mensageiros instantâneos e redes sociais. Mas a empresa tem de definir sua política de acesso a informações e precisa divulgar isso para todos os colaboradores, pois ela também poderá pagar o preço de permitir tudo, sendo responsabilizada por qualquer feito inadequado ocorrido por meio de sua estrutura, que inclui também o *e-mail* corporativo.

Essas características que demonstram grande habilidade tecnológica, mas por vezes certa debilidade no âmbito social, parece exacerbar-se na geração subsequente, a Z. Os nascidos desde meados dos anos 1990 foram ainda considerados por alguns como Geração Silenciosa, por estar constantemente com fones de ouvido, não conseguirem ser bons ouvintes e se expressarem verbalmente cada vez com mais dificuldade. Estes são todos nativos digitais e, por isso mesmo, tendem a apresentar comportamentos muito semelhantes aos da Geração Y, mas ao que parece, ainda mais intensos e individuais.

Tudo ao mesmo tempo

A geração Y e principalmente a Z, habituada a um mundo com Internet, e sem saber como vivíamos antes dela, está mais acostumada com o ritmo de digestão de tanta informação disponível e necessariamente adquirida nos tempos atuais. Mas será que, por mais que lidem melhor com essa realidade do que seus pais ou avós, esses jovens estão vivendo e reagindo de forma saudável a esta enxurrada de conhecimento e consequentemente de cobrança?

Se ter MSN, Orkut e Facebook não basta, mas é preciso ter Twitter, perfil no LinkedIn, *blog* e estar presente em fóruns de discussão e comunidades espalhadas pelas redes sociais, onde está sobrando tempo para ir ao cinema, ouvir música, aprender xadrez ou passear no *shopping*? Bom, o tempo não esticou, mas a habilidade de dividi-lo é necessária para esta nova geração que tem tantas opções e não vê razão para abrir mão delas.

Assim, escuta música enquanto aprende a jogar xadrez e conversa com o pai, e vê televisão enquanto usa a Internet e ainda come pizza no jantar. Ou melhor seria: envia mensagens, via twitter, para encontrar amigos no cinema, enquanto almoça e escuta música de um lado na rádio do UOL e de outro a mãe que dá instruções sobre cuidado com quem se conhece no Orkut e ainda escuta as notícias na televisão que alguém deixou ligada.

Ficou tonto de imaginar ou já até se acostumou com cenas assim? Se ficou, acredite que essa cena pode ainda ser pior e mais confusa (na sua forma de ver) na vida de alguns jovens. Se não ficou, provavelmente tem alguém que vive assim perto de você ou você mesmo, caso não pertença a essa geração, já teve de se acostumar a viver fazendo mágica com seu tempo e suas habilidades de mil em um.

Também pelo fato de existir tanta informação à disposição do internauta, sua atenção tende a ser mais periférica e ter de estar atento a tantas coisas que acaba não assimilando a fundo nenhuma delas, a não ser que se destaque muito entre todas. Ele não se demora, por exemplo, lendo uma mesma página a não ser que o conteúdo seja muito atrativo. Isso se refere a um texto leve, do interesse do público-alvo do *site*, com informações úteis e de fácil digestão. Também pode ser um hipertexto[6], com diversos direcionamentos para quem quer ter mais conhecimento naquele assunto e esta ser uma razão para prender o leitor dentro do próprio *site*, direcionando a leitura a outras páginas.

Hoje existe uma demanda muito maior por informação e também muito mais informação disponível na Internet, portanto acaba sendo uma via de mão dupla: à medida que os jovens sentem mais necessidade de adquirirem mais conhecimento, as empresas e mesmo as famílias exigem deles que tenham mais e se igualem ou ultrapassem aqueles que sabem bastante, seja em suas áreas profissionais, seja em desenvolvimento pessoal. O fator que corrobora essa cobrança é o fato de muita informação ser gratuita, portanto não há desculpa para quem não está bem informado, e estar antenado é premissa para qualquer jovem profissional.

Mas e como coordenar estar informado com trabalhar, com ter lazer, com praticar esportes, com estudar, com encontrar amigos, com ter momentos com a família? Afinal, nada disso é novidade nem exclusivo de alguma geração. Então por que mereceria discussão? Simples. Porque estar informado hoje não significa apenas saber novidades em sua profissão e acontecimentos de sua cidade e estado, mas conhecer bem de política, economia, não apenas de

---

6   Com palavras que servem como *link* para outros textos.

seu país, mas de todo o mundo que se globalizou também para aproximar povos e o local hoje cede espaço ao glocal[7].

Porque ter lazer hoje não significa apenas ir à uma praça ou parque, ou tomar um café com amigos, mas pode ser uma gama muito maior de coisas e as necessidades por lazer parecem exacerbadas. Porque até mesmo para praticar esportes, há mais opções, inclusive academias com circuitos, clubes diferenciados. Porque estudar não significa mais apenas fazer uma graduação, sentada no banco da faculdade, mas não parar de estudar nunca, os cursos podem ser *online*, com atividades externas e práticas, deve estar sempre em constante atualização porque as mudanças são rápidas e constantes e os mais jovens já vêm atropelando quem não está pronto para a disputa.

Porque encontrar amigos hoje também pode ser sair de casa ou recebê-los em casa, mas pode ser estar o dia inteiro em contato por MSN, ter de deixar recado aos amigos que vivem em outros países, ou àqueles que mantêm a amizade pelo universo virtual. Porque hoje, as famílias não são mais todas tradicionais, mas existem novas modalidades de famílias e a criança muitas vezes tem de se dividir entre as casas da mãe, do pai, da avó, do namorado do pai etc.

Porque além de tudo isso, os jovens não querem estar por fora do que acontece. Eles têm à disposição em tempo real a transmissão de eventos, vídeos os mais variados, acompanhamento por minuto de jogos das Olimpíadas, cada novidade das eleições do país e mesmo da de outros países. Além de tudo isto, eles também querem construir algo desse emaranhado de ofertas. Querem estar

---

[7] Glocalização é um neologismo resultante da fusão dos termos globalização e localização. Refere-se à presença da dimensão local na produção de uma cultura global. Fonte: Wikipedia.

presentes e oferecer conteúdo de valor ou que mostre sua cara. Assim fica fácil entender o porquê precisam de mais tempo.

Eu também faço parte

A pesquisadora Danah Boyd faz uma metáfora como se estivéssemos em um riacho de informação, que é como ela considera que estamos vivendo. Ela fala que a ideia é que estejamos dentro desse riacho, produzindo, mudando, compreendendo a informação e não na periferia desse movimento. Que também devemos estar reestruturando as formas como a informação flui na sociedade moderna. Segundo Boyd (2010):

> Por décadas, as pessoas já vinham buscando uma fatia de participação na mídia, com pequenas contribuições, e a partir da Internet, isso se tornou uma possibilidade fácil a todos, que podiam finalmente criar seu próprio conteúdo. Desde os *blogs*, aos *sites* de redes sociais aos de mídia compartilhada, a Internet propiciou manter este conteúdo ativo e mudou a forma de distribuição da informação. Qualquer um escolhe consumir informação de qualquer outro. É por isso que o poder não está mais nas mãos de uns poucos que controlavam a distribuição da informação, mas nas mãos de quem despende atenção para esta informação. Nos últimos séculos, temos vivido em uma era de meios de transmissão, mas temos de mudar para uma era de mídia social. Isso altera fundamentalmente a estrutura dos fluxos de informação. (*online*)

Páginas pessoais, bem como perfis em redes sociais nos levam a perceber que esse tipo de construção, não excluindo a criação de um *nickname*, *blogs* etc. são formas de constituição do *self* no ciberespaço. É a maneira que muitos encontram de estarem presentes e expressados na Internet. Sibilia (2003 como citado em Recuero, 2009, p. 27) considera que esta necessidade de exposição pessoal, que ela chama de "imperativo de visibilidade", dá a ideia de que seja preciso ser visto para existir no ciberespaço.

É necessário, portanto, fazer parte dessa sociedade em rede. Mas fazer parte também mostrando quem está ali. Levando uma pessoalização e individualidade ao espaço apropriado. No momento em que se expõe, cada pessoa também mostra aquilo que ela quer que os outros vejam, que o Outro validaria nela. Aquilo de bom que a caracteriza. Construir algo que o coloque em uma posição de criador, de autor, de detentor de conhecimento. Por isso, não é difícil encontrar quem queira ensinar na *web*. Quem queira ajudar, quem queira mostrar que sabe e contribui.

A ideia de colaboração surgiu por volta de 1958, nos Estados Unidos, com o *NLine System* (NLS), que pretendia oferecer infraestrutura para as pessoas se encontrarem com outras em busca de solucionar algum problema ao qual pretendam encontrar resposta. Segundo Spyer (2007), foi com ele que se falou pela primeira vez em integrar o desenvolvimento psicológico e organizacional aos avanços da tecnologia da informação. Assim, além da tecnologia para o desenvolvimento dos sistemas foram consideradas as características do ser humano com relação a relacionamento de grupos, passando então a existir investimentos em projetos que possibilitassem a comunicação entre grupos, como *softwares* de fóruns e programas de *e-mails*.

O mesmo autor considera que algumas vantagens que fazem do ambiente virtual um fácil espaço para que as pessoas colaborem são: 1) Redução no custo de produção e disseminação, pois para quem está conectado é mais simples escrever algo e enviar a todos os contatos via *e-mail* ou mensagem em *sites* de redes de relacionamento; 2) Redução do esforço de coordenação, pois encontrar pessoas que têm os mesmos interesses que os seus não tem limites de localização e pesquisar qualquer coisa se tornou muito mais fácil; 3) Ampliação do benefício do uso, pois um bem disponível na Internet, diferente da fotocópia de um livro, por exemplo, pode ser reproduzido quantas vezes for por quantas pessoas quiserem e será o mesmo; 4) Redução do número de envolvidos na produção, com a filosofia do *do it yourself*, todos podem contribuir fazendo seus próprios trabalhos, sem a necessidade de um grande grupo de pessoas realizando cada um uma tarefa e excluindo a possibilidade de o projeto não seguir adiante porque alguém não fez sua parte.

No cerne das redes sociais está o conteúdo gerado pelos seus usuários. Isto acontece porque as pessoas não apenas consomem juntas, mas passaram a também produzir juntas, fazendo com que consumir e produzir fizessem parte da participação diária. Assim, segundo Boyd (2008b), os *sites* de redes sociais apresentaram uma nova fase na qual primeiro as amizades são direcionadas e depois os interesses, e foi a *blogosfera* a primeira mudança significante neste sentido.

A vontade de construir algo é tão presente entre os usuários que o *site* Ning surgiu para permitir que os usuários criassem sua própria rede social, com o tema de seu interesse e convidasse seus amigos. O *site* permite que sejam postados fotos, vídeos, textos e o criador da rede escolhe o *design* e o objetivo da rede. Há várias sobre turismo, gastronomia, tecnologia, entre outros campos.

Muitas das novidades que ajudaram a constituir o sucesso que vem fazendo o Twitter não foram nem pensadas nem realizadas por seus idealizadores, mas por usuários. Por exemplos as convenções de mensagem direcionada com @nomedousuario ou de *tags* usando o #palavrachave nasceram a partir do próprio uso do *site*. Em 2009, já havia mais de 11 mil aplicativos criados pelos usuários a partir das ferramentas originais disponíveis. Um outro exemplo é a quantidade de *quiz* e aplicativos diversos criados pelos usuários do Facebook que além de fazerem sucesso, atraem mais pessoas para fazerem seus perfis e ficarem "logadas" brincando de um *quiz* a outro.

A economia da colaboração ainda não é totalmente compreensível. Por que as pessoas colaboram com quem não conhecem e provavelmente não retribuirão o favor? E por que oferecerem informações gratuitas que caso cobrassem poderiam valer bastante? O professor do departamento de sociologia da Universidade da Califórnia, Peter Kollock, considera em *The economy of the online cooperation: gifts and public goods in cyberspace* [A economia da cooperação *online*: presentes e bens públicos no ciberespaço], que algumas razões motivam as pessoas a colaborem *online*, como a reciprocidade, pois quem ajuda em uma comunidade tem noção de que é mais fácil conseguir ajuda quando precisar; prestígio por contribuir, contanto que as pessoas percebam que o usuário que está contribuindo domina o tema; e os incentivos social e moral, primeiro pelo aumento da rede de contatos e pertencimento a determinado grupo e depois pela gratificação de estar ajudando.

Acredito que o fato de se sentir útil, produtor e disseminador de conhecimento seja na realidade uma forma de alimentar o próprio ego, pois fazer de si alguém no ciberespaço é como dizer que existe no mundo. A ideia de querer fazer parte de algo, produzir, mostrar seu talento etc. acaba despertando interesse também de empresas que, percebendo isso, promovem e oferecem espaço para mostrar que cada uma dessas pessoas é importante de alguma maneira. E esse é um movimento que dificilmente terá volta. Uma vez que um indivíduo mostra que está ali e é especial e outros alimentam isso com audiência, torna-se um ciclo que não se fecha, mas se alastra, e isso, no meu entender, é bom, é útil, e torna-se desafiador para muitos e convidativo para outros tantos.

Isolamento sem solidão

As tecnologias digitais são peças-chave quando pensamos em novas formas de relacionamento e estar no mundo e nas diversas mudanças experimentadas pela maioria dos indivíduos que estão inseridos ou não neste mundo virtual. Seja por fazerem parte destas transformações, seja por estarem alijados delas.

Quando boa parte dos adolescentes passou a utilizar os mensageiros *online* para se comunicar e, posteriormente, as redes sociais, passando mais tempo diante do computador e consequentemente dentro de seus quartos por horas a fio, isso não apenas preocupou seus pais, mas fez perceber que era um comportamento que estava se tornando comum entre jovens adultos.

De certa forma, as redes sociais trouxeram um sentimento de proximidade, por permitirem que o contato entre amigos de infância que já não se falavam, fosse restabelecido. As redes também permitem que seus contatos estejam ali, bem guardados e seguros, como em uma gaveta. Ou seja, os amigos da vida presencial e os apenas virtuais não precisam de empenho para estarem ali ou em muitas redes; apenas um gesto de adicionar um amigo no Orkut permite que este relacionamento seja mantido com a simples presença na lista.

Pela facilidade na manutenção de contatos, entre outros aspectos da vida cotidiana, as relações fatalmente acabam se detendo mais nessa intermediação via computador, principalmente porque novos "amigos" são feitos com mais facilidade por existir uma certa "proteção" que não existe, por exemplo, nas ruas. Com relação a isto, devemos reparar no efeito negativo dessas comunidades (ou redes) virtuais, em que uma concepção generosa e exagerada do conceito de amizade permite que alguém entre em contato com centenas de pessoas em uma única semana, o que na vida *offline* seria suficiente para que não se fizesse mais nada.

A Teoria dos terceiros espaços, desenvolvida por Oldenburg (1989 como citado em Recuero, 2009, p. 136), analisa o primeiro espaço presente na vida de cada indivíduo como sendo o familiar, o segundo o do trabalho e o terceiro justamente o usado para fazer interações sociais, como o parque, os clubes e discotecas etc. Partindo desta ideia e avaliando o que vamos discutir mais a fundo neste capítulo, as pessoas em geral, na maioria dos lugares em que possam se encontrar, depararam-se cada vez mais com a insegurança de locais públicos, com a falta de tempo para frequentá-los, e mesmo com novas ofertas de divertimento que surgem virtualmente.

Com isso, fatalmente ocorreria o isolamento e mais e mais ferramentas de comunicação mediadas por computador vêm surgindo para suprir essa falta do social, mas de certa forma, como alguns acreditam, intensificando-o. Provavelmente, os dois pontos de vista venham a ser corretos, mas aqui vamos analisar que as ferramentas de conexão entre indivíduos, que chegaram fortemente por meio das comunidades digitais das redes sociais, parecem indicar justamente uma busca pela interação social e não o contrário.

Dificilmente, ferramentas que promovem redes sociais dariam tão certo e surgiriam novas destas em tão curtos períodos, com tanto investimento de grandes corporações, se os próprios indivíduos não estivessem dispostos, e mais do que isso, interessados em construí-las e não apenas permitir, mas providenciar seu crescimento. De acordo com isso, a pesquisadora Raquel Recuero (2009) avalia que:

> A interação mediada pelo computador é também geradora e mantenedora de relações complexas e de tipos de valores que constroem e mantêm as redes sociais na Internet. Mas mais do que isso, a interação mediada por computador é geradora de relações sociais, que por sua vez, vão gerar laços sociais. (p. 36)

Portanto, partimos aqui da crença de que a noção de isolamento trazido pela Internet é de fato uma ilusão que apenas deixou transparecer um movimento pelo qual a sociedade já vinha passando e passaria de qualquer forma de acordo com o curso natural dos acontecimentos que vem levando as famílias a se preocuparem com mais segurança para seus filhos que já não podem brincar nas ruas, com os muros das casas que se elevaram e com os espaços gratuitos, como parques, que ganharam grades e perderam público.

Sendo assim, o fato de o usuário estar trancado em seu quarto utilizando o computador não significa que esteja isolado do mundo, ou em um universo particular. Muitas famílias se preocupam com o filho adolescente que fica mais tempo diante do computador do que interagindo com a família. Não se pode aqui generalizar, mas muitos desses adolescentes levam uma vida social sem problemas, alguns são mais retraídos e outros não, mas eles sabem que pelo computador também podem se comunicar e interagir com seus amigos, algumas vezes até melhor do que na sala de jantar com os pais, que não param para escutá-lo ou não conseguem dialogar de uma forma atraente e acessível.

De qualquer forma, o tempo excessivo, bem como qualquer outro comportamento em excesso, deve causar preocupação nos pais. Mas enquanto o adolescente levar uma vida saudável, não deixar de praticar atividade física, realizar atividades diárias de higiene, alimentação e obrigações escolares, provavelmente esteja vivendo uma fase em que necessite mais daquele meio de comunicação e expressão, ou simplesmente esteja bem adaptado e esteja aprendendo e se desenvolvendo também por meio daquelas interações.

Outro aspecto relevante é que as comunidades virtuais também não são completamente desvinculadas de seu espaço físico concreto, apesar de serem efetivamente vivas no virtual. Mas muitos grupos, como a comunidade paulista de CouchSurfing, promove semanalmente encontros entre seus participantes que tenham interesse em comparecer. A rede tem a finalidade de promover hospedagem entre seus membros, mas, além disso, alimenta a amizade e troca de experiências, portanto muitos se encontram no intuito de fazer novos amigos, conhecer novas culturas e praticar outras línguas, já que frequentam os encontros nativos e estrangeiros residentes na cidade ou apenas de passagem. Da mesma forma, muitas outras cidades promovem seus próprios eventos, que são anunciados em toda a rede e, assim, se alguém eventualmente está viajando poderá aproveitar para conhecer outros usuários em outros países.

Partindo do pressuposto de que muitas das relações virtuais partem antes das presenciais, Boyd (2008a), uma das mais reconhecidas pesquisadoras sobre o impacto das redes sociais sobre os adolescentes, afirma que

> (...) adolescentes, geralmente, acabam ingressando em redes sociais de acordo com o direcionamento de seus amigos. Eles participam porque seus amigos convidam e a participação é essencial entre eles. As redes sociais parecem um lugar divertido para se encontrar quando

não podem fazê-lo pessoalmente com frequência e não fazer sim significaria isolamento. (*online*)

Mas tanto é verdade que as interações sociais se fazem muito presentes entre os jovens e eles não vêem o fato de serem mediadas por computador como algo estranho ou diferente das relações presenciais, e muitos consideram importante ter uma lista com muitos amigos nas redes sociais. Ser popular no Orkut ou ter muitos seguidores no Twitter não significa exatamente que eles estejam interagindo com setecentas pessoas, mas que dão importância ao fator ligação entre outros indivíduos. Ou seja, valorizam o fato de fazer novas conexões, serem mais conhecidos e estarem presentes naquele meio onde seu grupo de amigos também está.

Simplicidade ao hiperextremo

Esse não é um movimento que teve início com a Internet, mas foi e continua acontecendo muito mais provavelmente devido à rotina que boa parte das pessoas têm de se acostumar: trabalhar mais de dez horas ao dia, ter de continuar estudando, tendo responsabilidades em casa, com a família fora de casa, sempre em busca de sucesso, e o tempo vai ficando cada vez mais curto. E isso já começa desde a infância, quando as crianças de hoje passam bem mais tempo em atividades extracurriculares, têm de aprender outras línguas, esportes, xadrez, instrumentos musicais etc. Sem tempo, fica difícil realmente tentar fazer algo que canse a mente nas horas livres.

No início deste ano, lancei um *post* no meu *blog*, depois de uma constatação que reflete bem este sentimento de busca por alívio. Eu, que sempre fui apreciadora de um bom cinema estava em uma locadora de vídeos na sessão de lançamentos comerciais de comédia. Isso me parecia um comportamento definitivamente estranho para mim. Eu estava de férias em Fortaleza e queria, além de ir à praia, comer bem e relaxar. Nada mais. Estava estafada como vejo que muitas pessoas quando não querem pensar em nada estão. Assim tende a ser o ritmo, daqui em diante, da maioria dos jovens e adultos de já algum tempo. Pensar cansa, então acabamos entregues a um poço de banalidades que ou nos entregam as coisas prontas ou nos entregam qualquer bobagem digerível instantaneamente. Ou seja, comida ou informação, quando instantâneas, não possuem substância.

O filósofo e consultor David Weinberger (como citado em Pisani & Piotet, 2010), que discute o regime das informações de massa, comenta sobre o necessário hábito de simplificar, já que "é desta forma que conseguimos passar a mensagem". Diz ele que "simplificamos, simplificamos, simplificamos. Tornamos as coisas estúpidas e isso dá Ibope". Com isso ele quer dizer que da mesma forma acontece no mundo digital. É preciso estar simples para que as pessoas consumam, ainda que elas próprias levem à complexidade discutindo.

No entanto, vejo essa simplificação como uma forte tendência de dominação. As pessoas em geral não querem mais perder tempo pensando. Na Internet, o aprendizado não é linear, portanto, os textos devem ser mais curtos e fáceis. Uma enxurrada de comédias americanas é lançada a cada mês. A televisão está repleta de programas que não dizem nada e não levam a qualquer aprendizado, apenas distraem com informações sem muita utilidade, algumas vezes vindas de pessoas consideradas fúteis e/ou ignorantes.

A necessidade de mudança nos padrões de leitura e escrita na Internet não necessariamente modifica todo o comportamento e a forma de ler e aprender dos jovens, mas sem dúvida é forte fator de influência. O fato de a tela do computador ter luminosidade e cansar os olhos de muitos leitores, a condição de demasiada informação disponível e portanto, teoricamente, textos muito longos não atraem leitores, na realidade não são decisivos, mas são razões para que padrões de escrita fossem desenvolvidos visando ao maior aproveitamento da leitura na *web*. Isso é repassado nas escolas de jornalismo, como aplicado pelos departamentos de comunicação das empresas, e percebido por muitos internautas que não tiveram estudos específicos na área, mas sabem que seus *blogs*, por exemplo, devem ter textos mais curtos, de linguagem acessível e de preferência, com um toque leve ou de bom humor para serem mais atrativos. Isso ainda que em teoria, pois um texto atraente não deixa de ter leitores por ser longo.

Mas esta mudança de comportamento na leitura e escrita, tendo como consequência o material aprendido, é facilmente identificável quando prestamos atenção em como a maioria dos jovens, ou também os superusuários adultos, conversam pelos mensageiros, como o MSN. Quem está acostumado a digitar rápido, pois aquela forma de diálogo é frequente, também está bastante habituado com as abreviações das palavras e frases. Para alguém que nunca conversou por um mensageiro como este e começa a dialogar com um jovem assíduo, a conversa pode ser totalmente incompreensível, entre *emoticons* e palavras pelo meio ou aglutinadas.

O problema que isso trouxe foi a tendência a levar esta forma rápida de escrita para fora do computador e os equívocos e dúvidas no momento de escrever um português na língua culta, como é exigido na escola e em qualquer ambiente profissional e acadêmico. Por escrever palavras como "axo", "naum", "eh", "kd", entre diversas outras, no momento de se expressar pela escrita em outro meio que não seja o computador, o usuário está habituado a escrever errado. Isto também acontece por conta da ajudinha dos corretores automáticos de texto de *softwares* de editoração de texto, como o Word, do pacote Office, da Microsoft, entre outros com as mesmas ferramentas. Com a facilidade de escrever livremente com erros, e confiar que o corretor avisa sobre eles, muitos relaxam e não se preocupam em aprender corretamente a língua, ficando assim escravos de uma correção.

Mas essa maneira "rápida" de escrever se tornou tão usual, que algumas traduções de seriados americanos e mesmo programas na TV a cabo já começam a não se incomodar em colocar palavras abreviadas e, assim, despreocupam-se com a norma culta. Mas se o erro é que começa a se infiltrar e não o acerto que reage, é fato que devemos nos preocupar. Pois se a tendência de cada vez mais os programas de televisão, as revistas, os *sites* de notícias em geral estarem preocupados em simplificar sua informação para atrair mais leitores e espectadores, a qualidade não vai parar de decair e muitos jovens, que já não têm acesso a melhores conteúdos, passarão a sequer ter opção de consumo e aprendizagem.

Um espaço pra chamar de meu

O MySpace é um exemplo de rede social que conquistou muitos adolescentes. Criado por um grupo de apaixonados por música independente em Los Angeles, foi ganhando adeptos do mundo da música e em alguns casos de bandas iniciantes, tornando-se até mesmo o *site* oficial ou mais acessado que o oficial das bandas. Com o tempo, conquistou cada vez mais adolescentes e o *site*, que antes era proibido para menores de dezoito anos, foi baixando sua idade mínima para dezesseis e logo para catorze, por ser tão grande a demanda entre os jovens adolescentes.

Boyd estudou a fundo o comportamento desses jovens no MySpace e compara as páginas dos perfis de usuários nessa rede à decoração do quarto de um adolescente, neste caso, mais especificamente dos americanos. Ela diz que, da mesma forma com que eles decoram as paredes do quarto ou do armário da escola com figuras, pôster, imagens e palavras que os identifica, assim o fazem em sua página do MySpace. No caso dos brasileiros, poderíamos pensar em cadernos escolares, agendas e outros objetos que os adolescentes têm como seus espaços reservados, nos quais decoram com adesivos, figurinhas e lembranças de algum momento especial. Sobre esse comportamento, Boyd (2008a) diz:

> Estas práticas não têm a ver com a criação de uma "identidade virtual", mas de mostrar quem eles são aos amigos em um meio digital. Adolescentes repropõe aos amigos ferramentas para que se encaixem em modelos de uso das redes, inclusive como convidar todos os conhecidos dos meios que frequenta, mas evitar adultos, pois este é um lugar para encontrar seus pares, companheiros, e expressar o contexto que eles imaginam. (*online*)

Em suas pesquisas, ela ouviu de muitos adolescentes americanos que o *site* é um lugar de encontro, já que muitas vezes não têm a autorização dos pais para saírem e encontrar os amigos. Assim, eles tomam aquele espaço para formarem como seu ponto de encontro e ao mesmo tempo um cartão de visitas montado por eles mesmos. Boyd usa o termo *hanging out* para exemplificar o que os adolescentes vão fazer no *site*, que, segundo eles mesmos, significa sair para não fazer nada especificamente, mas ouvir música, conversar sobre qualquer coisa, ter um momento divertido, sem maiores pretensões. Pois enquanto muitos adolescentes adorariam sair pessoalmente, isto em geral não é possível.

Assim, os adolescentes não têm tanto acesso ao espaço público físico como antes. Eles são restringidos de fazer as atividades que desejam em ambientes públicos por uma cultura de medo dos pais que eles corram perigo. Inclusive a Internet se torna uma válvula de escape para jovens com sede de conhecimento e que moram em cidades com pouco acesso a cultura, entre outros atrativos.

A pesquisadora salienta ainda que o que torna a *web* tão poderosa é que hoje cada um tem o poder de escolher sua audiência e comunidades com as quais vai compartilhar gostos e organizar atividades, como se fosse um pequeno mundo cujo conteúdo é ainda gerado pelos próprios usuários, que podem compartilhar, socializar, comunicar-se e colaborar com seus amigos. E um ponto importante, segundo ela, é que as pessoas não têm obrigatoriamente necessidade de interagir com estranhos, mas preferem se comunicar com aqueles mesmos com quem gostariam de estar pessoalmente.

No momento de escolher aonde ir, os adolescentes reproduzem redes sociais preexistentes em suas vidas e escolhem onde estão seus amigos. No entanto, essa escolha não é neutra, pois eles não selecionam aleatoriamente seus amigos, mas se conectam com as pessoas que são como eles. É um movimento identificador de busca por pares. De descobrir pessoas com os mesmos gostos, faixa etária, vontades semelhantes. Por tudo isto se torna também compreensível a curiosidade pelo que está acontecendo de interessante na vida desses pares. Ou como eles estão apresentando essas novidades, às vezes diárias. Ao longo de suas pesquisas, Boyd (2009b) verificou que

> Antes de ver as próprias mensagens, os adolescentes olham primeiro as atualizações dos amigos. Os adolescentes precisam se sentir que são aceitos pelo grupo. Precisam desta palavra que mostra a eles um *feedback*

de aceitação e o MySpace foi quem primeiro proporcionou isso. Comentários nas fotos que postavam dando a eles essa resposta à pergunta: o que será que acham de mim? A tendência é de que os comentários também sejam recíprocos, portanto, alguns pedem que também comentem suas fotos. O MySpace tem mais a ver com as estruturas de sociabilidade *offline* do que tem a ver com a virtualidade. As pessoas estão modelando a sua rede social *offline*, o digital está complementando (e complicando) o físico. Em um ambiente onde qualquer um poderia socializar com qualquer um, eles não o fazem. Eles socializam com as pessoas que os validam no mundo presencial. Enquanto os *sites* de rede social e os telefones móveis são tecnologia para adultos, elas são apenas parte da infraestrutura social para os adolescentes. Eles querem ser visíveis a outros adolescentes, não apenas às pessoas que eles têm feito amizade. E apenas preferem que os adultos vão embora. Todos os adultos. Pais, professores, homens e mal feitores. Por quê? Para a maioria dos adolescentes, o MySpace é o meu espaço. (*online*)

Atrás do muro sou quem eu quero

O ambiente virtual acabou tornando-se um espaço para algumas pessoas estabelecerem um primeiro contato com outras, principalmente por conta da proteção com relação ao olhar do outro. Pois estar protegida por uma grande distância e uma máquina que intermedeia esse contato acaba sendo a solução para muitas pessoas com mais dificuldade em estabelecer um diálogo ou inclusive se expressar com mais segurança e tranquilidade.

Para a psicoterapeuta, Luciana Nunes, que acompanha pacientes pela Internet, a rede é um espaço propício de uso tanto para pessoas que criam personagens, mentem sobre sua personalidade, aparência etc., como para aqueles que têm receio em se identificar, como homossexuais, pessoas tímidas que não conseguem se relacionar normalmente na presença de outras, ou mesmo famosos. "Essa projeção no campo imaginário da Internet propicia uma possibilidade ilimitada da exploração do desejo. O anonimato respalda a vontade de vivenciar algo que, no confronto com a realidade presencial, seria impossível", diz em material disponível em seu *site*.

O que devemos analisar, portanto, é até que ponto a Internet é um atalho ou apenas um suporte no caminho trilhado para se conseguir alguém ou algum objetivo. Se o indivíduo a utiliza para estabelecer um primeiro contato e consegue passar ao outro aquilo que ele verdadeiramente enxerga de si mesmo e possui a intenção de um contato pessoal posteriormente, que acaba se concretizando, a Internet se torna apenas o meio para se chegar ao seu fim, como poderia ter sido uma sala de reuniões de uma empresa, um bar, uma calçada ou a casa de um amigo.

Muitos dos romances que iniciaram na Internet seguiram normalmente pela vida presencial. Sem dúvida, muitos de nós temos casos para contar de amigos que conheceram alguém em algum *site* de namoro, como Par Perfeito, ou mesmo grupos de discussão ou outros *sites* de relacionamento, como Orkut, no qual algumas pessoas fazem contato por verem as fotos de outros, por afinidade de comunidades ou por saber que é amigo de um amigo e iniciar um diálogo. A Internet tem o poder de *linkar* pessoas com práticas afins.

Se no início, conhecer alguém pela Internet poderia parecer assustador ou digno de impossibilidade de sucesso para um romance *offline*, hoje, esse comportamento já está completamente inserido na vida de muitos jovens e alguns adultos, que conseguem distinguir os caminhos que podem seguir e as pessoas que merecem confiança, assim como acontece na vida presencial em qualquer lugar do mundo: é necessário discernimento.

Relações virtuais longas apenas dão espaço a uma idealização maior do outro. É como se em um namoro, a fase de conhecimento nunca acabasse. Mas também permite que este outro se mostre por um bom tempo como ele não é, na realidade, ou mesmo com características imaginadas pela pessoa com quem está se comunicando. Ou seja, uma relação virtual, na qual não existe o toque e imagens podem ser manipuladas, ainda é uma relação real, mas à qual falta a indispensável presença física, natural e saudável de qualquer relação amorosa.

A psicóloga da PUC, Ivelise Fortim (2007), considera que "o computador parece permitir um rebaixamento da censura interna, deixando à mostra o que há de melhor e pior em cada um de nós". Com relação a isso, entendemos que a mediação via máquina permite que a pessoa seja mais sincera, sem tantos medos, que possa exibir quem ela acredita ser sem tanto receio de ser rejeitada fisicamente, mas que também permita que ela viva personagens, conte histórias de outros como sendo suas, manipule meias verdades para fazer-se ver como ela na realidade gostaria de ser, e, naquele espaço, ela pode. Segundo ela, o anonimato na Internet possibilita ainda um certo grau de descompromisso com a verdade nos relacionamentos *online*. Também permite que não haja uma real exposição da pessoa, pois ali ela pode montar e exibir quem ela será para aquele outro e não quem ela realmente é.

Conhecer alguém pela Internet pode ser também desvendar o que é verdade ou mentira. Falar sobre nós mesmos a alguém que estamos tentando conquistar significa tentar vender o peixe, contar exatamente aquilo que nos orgulhamos de nós mesmos e quem sabe até aumentar um pouquinho. Em uma realidade de cobranças em que vivemos, na qual algumas fraquezas são indesejadas, aparecer como alguém de sucesso é um pré-requisito se nossa intenção é a conquista. Assim o é na Internet ou em uma festa, mas na primeira muito mais coisa pode ser omitida ou acrescentada.

A Internet acaba sendo uma válvula de escape para pessoas tímidas, aquelas que vivem em cidades afastadas e querem ter contato com outras localidades e quem não gostaria de revelar algum segredo, como alguns homossexuais. Para este último público, alguns *sites* são especializados em fazer conhecer membros da "comunidade gay", como o *Gaydar*, que possui sua versão masculina e feminina.

Conversando com Bruna[8], que entrou em contato comigo por meio de meu *blog*, ela me confessou que, atualmente sempre se decepcionava quando tentava conhecer alguém pelos bate-papos, pois muitas pessoas mentiam sobre a idade, a profissão e muitas vezes até mesmo o sexo. Ela me contou que já manteve um relacionamento de oito anos com uma outra moça que conheceu também em um bate-papo. Para ela, é bastante difícil conhecer outras meninas que sejam homossexuais em lugares onde heterossexuais também frequentam e na cidade onde mora existem poucos lugares onde se sinta à vontade para exercer sua sexualidade, por isso sempre busca pares românticos na Internet.

Acredito que assim como para Bruna é difícil mostrar quem ela realmente é e o que quer em muitos espaços, como na empresa na qual trabalha, na rua ou na sua própria casa, seja também complicado para muitos outros homossexuais que buscam a Internet como praticamente uma única opção de encontrar um par romântico. Nela, o nome não precisa ser revelado, nem o rosto a

---

[8] Todos os nomes e alguns detalhes das pessoas que fizeram contato comigo foram alterados para impossibilitar sua identificação.

princípio, nem qualquer outra informação que a identifique antes que o outro também se identifique.

Mas Bruna afirma também que muitos homens entram em bate-papos fingindo ser mulheres, pois estão em busca de sexo virtual e acham excitante imaginar duas mulheres juntas ou mesmo tentam marcar encontros presenciais já que a tendência é ter menos receio de encontrar uma mulher desconhecida que um homem. Além disso, segundo Recuero (2009), um outro importante aspecto também está em questão, pois pela Internet

> (...) é mais fácil iniciar e terminar relações, pois muitas vezes elas não envolvem o "eu" físico do ator. Além do mais, barreiras como sexualidade, cor, limitações físicas e outras não são imediatamente dadas a conhecer, proporcionando uma maior liberdade aos atores envolvidos na relação, que podem reconstituir-se no ciberespaço. (pp. 37-38)

Com relação a isso, o acesso a contatos em redes sociais é facilitado de forma que em um ambiente virtual, por exemplo, no Orkut ou no Facebook, o usuário em pouco tempo consiga fazer quinhentos, setecentos amigos, coisa que dificilmente acontece na vida *offline* de qualquer um, por mais comunicativo e amigável que seja. Portanto, fica claro que as conexões não são amizades reais, como as que provavelmente encontra na vida presencial. Por mais que não definamos aqui o termo amizade, seria amigo no mínimo aquele que conhece um pouco mais de nossas vidas, de nossos desejos, planos, e o que fazemos ou já fizemos ao longo do tempo.

Pensando nessa perspectiva, muitos dos amigos das listas de redes sociais de alguns usuários são mantidos pela simples ferramenta do sistema, que permite que permaneçam todos os contatos agregados, sem necessidade de constante interação. Sendo assim, é possível que a única vez que dois usuários conectados por uma rede interagiram efetivamente tenha sido no momento de convidar e aceitar o convite para ingressar na rede. Mas com isso, exibir a todos que possuem uma rede extensa de contatos (amigos), ou seja, é popular, pode ser um bom aspecto do cartão de visitas, na concepção de alguns usuários.

Todo mundo entra na dança, mas nem todos conquistam a rede

Até o candidato à presidência dos Estados Unidos, Barack Obama, entre outros políticos, têm perfil no Facebook. Em um esforço contínuo de muitos deles em difundir sua mensagem pela Internet e atingir outros públicos, principalmente o dos jovens, vários têm assessoria especializada para trabalhos com redes sociais. O Twitter de José Serra, candidato à presidência do Brasil em 2010, mostrou irreverência. Os eleitores comentaram e fizeram campanha voluntária pela rede. E, desde 2010, ano eleitoral, ficou fácil encontrar uma enxurrada de candidatos nas mídias sociais.

Muitas empresas e organizações já utilizam o Twitter para difundir suas mensagens gratuitamente. A partir de agora, elas poderão pagar para que suas mensagens se destaquem automaticamente no topo de uma busca por uma palavra-chave no *site*. Segundo Spyer (2009), números extraoficiais indicam que 7 milhões de contas oriundas do Brasil já foram abertas, e a grande maioria está inativa – o que indica que a maior parte dos usuários ainda não entendeu como deve proceder para utilizá-lo ou escolheu não usar ainda o serviço. E isso não acontece apenas no

Twitter. Mas muito provavelmente é um reflexo do desejo de muitas empresas de estarem presentes nas várias redes sociais, mas ainda não saberem como esse processo se dará para a companhia, e, portanto, registram a conta, garantindo o domínio, mas não a ativam por falta de planejamento e de maior compreensão do que será feito com ela.

Ou seja, já é um reflexo do quanto as organizações estão se sentindo pressionadas a mudar paradigmas que as aproximem de seu público, mas muitas ainda não conseguiram definir como será essa mudança e acompanhar a evolução de comportamentos trazida pelas ferramentas que surgem com tanta velocidade na Internet.

Como milhões de brasileiros acessam alguma das redes sociais com certa frequência, uma forma prática, barata e direta de as empresas testarem novos produtos e se relacionarem com o consumidor é por meio delas. Cada vez mais o relacionamento entre pessoas e empresas é mediado pela Internet: pessoas usam a Internet para pesquisar sobre um produto ou serviço antes de comprar, fazem reclamações e recomendam empresas e serviços. O número de empresas no Brasil e no mundo que possuem departamentos para cuidar do monitoramento nas redes sociais só cresce.

Fato é que muitas empresas ainda não sabem como lidar com a realidade das redes sociais. Ela já faz parte da maioria dos colaboradores e executivos e as empresas enxergam riscos e oportunidades em seu uso, mas por enquanto algumas arriscam e outras se fecham. A consultoria americana de recursos humanos Robert Half fez uma pesquisa, publicada na Revista Época em 2010, com 3.052 executivos por todo o mundo e concluiu que 38% dos funcionários podem utilizar as redes sem qualquer restrição em seu trabalho, ao passo que 37% são proibidos de acessar esse tipo de *sites* e 24% têm acesso, mas de forma restrita.

Essas tomadas de decisão nas empresas ainda são aleatórias e por receio de alguns gestores de atrapalhar o rendimento no trabalho, roubar a atenção do colaborador, de dados da empresa serem roubados, entre outras razões. Mas o fato é que muitas dessas empresas que liberam ou proíbem ainda não sabem bem que resultado haverá depois de um tempo em que seus funcionários estejam privados ou não desse uso. Em minha própria experiência profissional, ainda recentemente, em 2009, trabalhando com comunicação externa, o departamento de comunicação por inteiro era proibido de acessar a maioria das redes sociais, inclusive com o bloqueio de *e-mails* pessoais. Isso prejudicava o trabalho, já que deveríamos estar em constante contato com o público externo e monitorar o que saía nas mídias como um todo sobre nossos clientes, e as redes sociais ajudam nessa função.

Mesmo que ainda não saibam ao certo o valor de ações de *marketing* nas redes sociais, elas investem nisto e não querem ficar de fora. Em entrevista para a mesma revista, Rafael Kiso, diretor da Focusnetworks, agência especializada em *marketing* digital, considera que "hoje, as empresas estão com síndrome de mídias sociais. Sabem que precisam estar lá de alguma forma". Sérgio Valente, da DM9DDB, por sua vez, não deixa de alertar a seus clientes que "as pessoas já estão falando de vocês, bem ou mal. Ter uma ação relevante nas redes sociais faz com que vocês tenham um mínimo de participação nessa conversa".

Pisani e Piotet (2010) contrapõem a "dinâmica relacional" atualmente constituída pelos usuários com a "mecânica institucional" das empresas tradicionais em apresentar a informação. Para eles, "a flexibilidade crescente nas relações entre indivíduos e grupo caracteriza a nossa época" e a cada vez maior utilização participativa dos usuários na *web* tanto para mostrar, trocar e criar é um exemplo do quanto estas dimensões ainda são distintas. Segundo os autores:

> Sem renunciar às relações de pertencimento, tendemos a multiplicar as relações reticulares transitórias de alcance limitado, menos rígidas e mais dinâmicas. Chegando a uma fase de maturidade, a *web* é uma ferramenta que somos cada vez mais levados a utilizar, visto que o ambiente social tradicional está em plena evolução e que as estruturas organizacionais (instituições e mercados) satisfazem cada vez menos. (p. 69)

Esse rápido crescimento além de uma tendência social, também tem como característica o fato de que as pessoas atualmente recorrem a tecnologias para conseguir aquilo de que necessitam umas das outras, em vez de recorrer a instituições tradicionais, como, por exemplo, as empresas. Portanto, estas devem se preocupar em saber como os indivíduos se relacionam com a Internet e como utilizam as ferramentas colaborativas *online*, apesar de muito do que acontece na Internet ainda girar em torno do usuário individual, do conteúdo criado por ele, das comunidades que esses indivíduos formam e do tipo de interação que eles preferem.

Com isso, estas novas mídias foram adquirindo grande poder comercial e as empresas começaram a monitorar *sites* de relacionamento e manter atualizados seus próprios perfis, inclusive com responsáveis internos para mediar e responder a fóruns e agir em momentos de crise. Elas procuram usar as potencialidades de *blogs*, bate-papos etc. Ana Carmen Foschini e Roberto Romano Taddei, que desenvolveram a Coleção Conquiste a Rede, comentando sobre vários aspectos e como usar algumas das novas mídias, contam que "de ferramenta utilizada por adolescentes para relatar agruras pessoais, os *blogs* atualmente desempenham um papel cada vez mais importante, influenciando a política, a economia e a própria ideia de formação das notícias".

Assim como os *blogs*, os *flogs*, que contêm fotos, podem ser apenas um álbum *online*, mais interativo e divertido, ou ter um caráter mais profissional, com produções técnicas mais elaboradas. Dessa forma, os *flogs* servem de espaço para divulgação de fotos pessoais, artes plásticas, fotografias mais trabalhadas etc., tendo acumulado muitos usuários e fãs, que além de profissionais, são em boa parte adolescentes, que geram encontros e também celebridades. Como muitas empresas têm interesse em anunciar em páginas de *sites* de relacionamento, algumas chegam até a contratar estes usuários como "embaixadores" de sua marca em meio ao público jovem.

Mas se os indivíduos por si próprios começam a ter mais visibilidade, força e credibilidade que algumas instituições tradicionais, isso tende a uma desestruturação ou a incerteza das fontes de maior e real valor. Sobre esse aspecto, Andrew Keen (2009), empreendedor do Vale do Silício e profundo e polêmico crítico da Web 2.0, fala:

> A ironia da mídia democratizada é que alguns produtores de conteúdo têm mais poder que outros. Numa mídia sem guardiões, em que a verdadeira identidade das pessoas está muitas vezes oculta ou disfarçada, quem é realmente fortalecido são as grandes empresas com grandes orçamentos para publicidade. Teoricamente, a Web 2.0 dá voz aos amadores. Na realidade, são muitas vezes os que têm a mensagem mais ruidosa, mais convincente e mais dinheiro para difundi-la, que estão sendo ouvidos. (p. 90)

First or second life

Sonhar em ter o controle da própria vida não é produto da Internet. Talvez desde que exista vida humana, já exista o sonho de uma vida perfeita, sem problemas, com objetos necessários ao consumo, pessoas a nossa volta, um lugar bonito de se viver, saúde e felicidade para sempre. Há algumas décadas, o cinema fazia com que os espectadores sonhassem com o final feliz. As meninas sonhavam com aquele romance ideal que vinha personificado na imagem de atores norte-americanos que, mesmo parecendo duros, eram homens apaixonados capazes de tudo para proteger e ficar com seus amores; e os meninos sonhavam em ter a coragem e ser valentes como seus heróis do faroeste e posteriormente super-heróis que voam, com superpoderes.

Enquanto o cinema e a televisão ainda causam fascínio e fazem sonhar, a Internet permitiu viver esse sonho. Ter uma ilha só sua, arriscar em um novo tipo de cabelo ou mudar de sexo sem tanta burocracia são possíveis no Second Life. O nome desse jogo, que pode ser descarregado direto do *site*, quer dizer exatamente o que diz: é a sua segunda vida, aquela em que você pode ser você e o que mais conseguir ser ou ter.

Criado em 1999, mas desenvolvido em 2003 pela Linden Lab, empresa norte-americana, o Second Life conquistou adeptos em todo o mundo, apaixonados e dedicados aos seus avatares, seres que representam a vida dos usuários naquele mundo virtual. Em março de 2007, o jogo chegou à marca de 5 milhões de usuários. O jogo, que inspirou o termo do filme *Avatar*, sucesso de bilheteria e indicado a nove prêmios no Oscar de 2010, é um ambiente virtual e tridimensional que simula alguns aspectos da vida real e social do participante e pode ser encarado também como um simulador, um comércio virtual ou uma rede social.

Dentro do próprio Second Life, o termo RL (*Real Life* [Vida real]) é utilizado para se referir à "primeira vida", ou seja, a vida real dos usuários, também chamado de residentes. Os participantes do Second Life passam a adquirir produtos e contratar serviços virtuais, para aprimorar o seu avatar tanto na aparência como comprando casas, terrenos, veículos, roupas, entre outros itens, e produzindo um consumo que possibilita que outros usuários criem e comercializem, gerando uma economia virtual e uma fonte de renda e de negócio.

Pelo sucesso repentino do Second Life, a interação possível e a dedicação depositada pelo usuário no momento do uso, universidades, empresas e cursos de inglês como os do British Council já usaram seu ambiente para ensinar ou treinar colaboradores. E essa ideia chega a ser interessante se não levar as agruras do dia a dia da vida real para a vida na qual não deve haver efeitos nocivos. Afinal, com qual finalidade alguém criaria uma vida virtual para sofrer se isso já é possível na vida atual?

Criar uma identidade para um representante do que seria você do jeito que você gostaria de ser parece a realização de um desejo. É como se todo mundo que um dia falou que queria ser diferente pudesse ser diferente em um lugar distinto, construindo novas relações, conhecendo novas pessoas e se comportando da forma que não consegue por vezes na vida real.

Mas essa vida também é real. É real se dedicar a um avatar por algumas horas no dia ou na semana, conhecer outros avatares que também pertencem a pessoas com vida real. Ainda que o que existe dentro do jogo não seja real fora de lá, o sentimento de viver aquelas situações no corpo do avatar é real. Segundo Deleuze (1993, como citado em Brasil, 2004, no capítulo "A arte do (des) controle", do livro *Culturas em fluxo*):

> O virtual não se opõe ao real, mas somente ao atual. O virtual possui uma plena realidade enquanto virtual. Do virtual, é preciso dizer exatamente o que Proust dizia dos estados de ressonância: "Reais sem serem atuais, ideais sem serem abstratos", e simbólicos sem serem fictícios. O virtual deve ser entendido como uma

estrita parte do objeto real – como se o objeto tivesse uma de suas partes no virtual e aí mergulhasse como numa dimensão objetiva" (p. 335-6)

Quando um membro cria um grupo ou compra uma roupa desenhada por um estilista ele paga por isso, ainda que na moeda local, o investimento muitas vezes precisa ser revertido do dólar para o *Linden Dollars*, ou seja, é um investimento real de tempo e dinheiro que transfere importância para os atos que ocorrem no jogo.

Com certos comportamentos, podemos perceber o que é importante para os usuários do *software* em sua vida fora dele. Qual a utilidade de vestir uma roupa de grife e qual a importância de formar novos grupos de amigos? As mesmas que na vida real, a diferença é que no jogo, isso se torna mais acessível e manipulável. Ou seja, aquele é realmente um ambiente no qual se tem uma segunda vida, não menos "real" que a do lado de fora do computador, mas com menos riscos e sofrimento que esta. O que para algumas pessoas é uma forma de entretenimento e um jogo para relaxar, para outras pode ser uma vida construída, efetivamente uma vida paralela, na qual realiza coisas impossíveis na primeira vida; o que pode significar alguns momentos de fuga dessa vida com aspectos difíceis e ruins que encontramos no planeta Terra.

Mas o programa não é o único meio de se viver uma segunda vida. Ele surgiu justamente pela sacada de um programador ou alguém que o contratou, e que já vinha percebendo o quanto a Internet oferece um espaço para que se viva esta segunda vida e que assim já acontecia para muitas pessoas. Uma vida paralela de alguém na Internet não é ficção e pode ser encontrada muito mais próximo do que imaginamos.

Por horas a fio...

Hoje, os brasileiros são considerados uns dos mais conectados em redes sociais no mundo. Permanecem cada vez mais tempo na Internet. E cada vez mais pessoas têm acesso à rede. De acordo com dados do Ibope Nielsen Online, a Internet brasileira terminou 2009 com 66,3 milhões de usuários em todo o país, somando o acesso em residências e trabalho. Apenas no último mês do ano, o internauta brasileiro navegou 44 horas, mais do que o europeu e até o norte-americano. Nos Estados Unidos, o tempo médio de navegação foi de 40 horas ao mês. Ainda segundo o instituto, somando o uso de aplicativos que acessam a Internet, o número no Brasil sobe para 66 horas *online*. Assim, as redes sociais passaram a impactar no grande volume de horas gastas diante do computador.

Esses números são apenas ilustrativos, pois mudam constantemente e novas pesquisas em pouco tempo já estão desatualizadas. Mas nos mostram que a Internet definitivamente se tornou parte importante da vida do brasileiro comum. Isso vem acarretando, já há algum tempo, uma intensa necessidade de superusuários, que não conseguem ficar tranquilos longe de celular e *e-mails*. Chegam mesmo a apresentar ansiedade se estão incomunicáveis por esses meios e não sabem o que está acontecendo nas redes das quais fazem parte.

A forma como a Internet e a própria tecnologia de *softwares* são utilizadas para trazer praticidade ao dia a dia e otimizar o tempo das pessoas, seja com a busca de um endereço e o modo de chegar lá, seja com o gerenciamento de *e-mails*, planilhas e documentos etc., ou mesmo como forma de aproximar pessoas que sem a Internet não teriam a chance de manter muito contato, pelas distâncias geográficas e barreiras de tempo, custo de ligações telefônicas etc., é o que faz dessas novas tecnologias algo tão festejado, admirável e, porque não dizer, compreensivelmente indispensável.

O *post* de lançamento do Twitter, que dizia "isto vai ser viciante", foi sábia e ironicamente intencional. Uma vez presente e cativado pela rede social, seja o Twitter ou qualquer outra, o interesse em saber o que se está passando com os outros também faz parte da interação, ainda que solitária, mas, como veremos no terceiro capítulo, companheira. E é o que realmente eu ouvi de alguns usuários logo que fizeram suas contas-perfis: que queriam twittar a cada novidade do dia e quando algo os impedia, como a própria rotina de trabalho, chegava a ser angustiante.

Com relação a isso, Pisani e Piotet (2010) insistem na ideia de que "reduzida à sua expressão mais simples, a *web* é nada mais do que uma ferramenta para estabelecer relações entre as pessoas, entre dados ou documentos e, mais frequentemente, uma mistura de tudo isso". É com essa premissa simplista que tentamos compreender como os usuários passam de simples internautas navegando na Internet a usuários que começam a gastar excessivamente seu tempo diante de algum aparelho eletrônico que lhe permita estar conectado.

Esta é exatamente a palavra de ordem: conectado! Estar *online* permanentemente e não deixar que nada deixe de chegar ao seu conhecimento no instante em que poderia ter chegado. Para alguns, pode até parecer sem sentido, pois todos nós precisamos dormir, realizar outras atividades essenciais à higiene e saúde que não permitem estar diante de um computador, como tomar banho, por exemplo. Mas muitos indivíduos não desligam o computador nos minutos em que tomam banho, pois já vão religá-lo. Ou pior, não desligam nem mesmo durante o sono.

Quem cogitou primeiro a ideia de Dependência de Internet foi o Dr. Ivan Goldberg em 1995, e no mesmo ano, a Dra. Kinmberly

S. Young, uma das pioneiras a pesquisar essa área, assumiu o termo como referência de trabalho. Ela montou um teste autoavaliativo, com perguntas que o usuário de Internet pode identificar se possui ou não dependência da Internet. Em 1999, Dra. Maressa Orzack fundou o serviço de dependência ao Computador no McLean Hospital em Massachusetts, mostrando que isto vinha sendo uma preocupação constante[9].

Young desenvolveu um teste no qual o indivíduo que responda positivamente a cinco ou mais das questões pode considerar-se em um quadro de dependência.

1) Você se sente preocupado com a Internet: pensa sobre as suas conexões anteriores, ou antecipa suas próximas conexões? 2) Você sente necessidade de usar a Internet com crescentes períodos de tempo de conexão para atingir satisfação? 3) Você já fez tentativas, sem sucesso, de controlar, diminuir ou parar de usar a Internet? 4) Você se sente inquieto, mal-humorado, depressivo ou irritado quando tenta diminuir ou parar seu uso da Internet? 5) Você fica *online* mais tempo do que tinha planejado? 6) Você desafiou ou colocou em risco relacionamentos significativos, trabalho, escola, oportunidades de carreira por causa da Internet? 7) Você já mentiu para membros da família, terapeuta ou outros, para esconder a extensão de seu envolvimento com a Internet? 8) Você usa a Internet como uma forma de escapar de problemas ou para se aliviar de um mau estado de espírito, como ansiedade, depressão, culpa ou sentimento de solidão?

O tempo, portanto, não parece ser o principal fator determinante, mas é um grande indicador de que algo está errado com o indivíduo que despende muitas horas do seu dia diante da Internet, deixa de realizar outras atividades ou passar mais tempo com

---

[9] Dados presentes no *blog* da Psicóloga Luciana Nunes, que atende via *e-mail* e mensageiro *online*.

amigos e família e chega a sequer saber por que ficou tanto tempo *online*, não sabe dizer o que realmente fez que seja considerado produtivo.

A Associação Psiquiátrica Americana e muitos outros compêndios não reconhecem o vício em Internet como uma doença, mas diversos estudos são feitos para analisar os efeitos da dependência que os jovens sentem em relação ao contato com as mídias digitais. Em abril de 2010, a agência de notícias internacional *Reuteurs* divulgou informações sobre estudo realizado pela Universidade de Maryland com duzentos estudantes. O resultado foi que esses estudantes estariam viciados em celulares, mídias sociais e Internet, apresentando sintomas semelhantes aos de quem possui vício em drogas ou álcool. O experimento consistia em pedir que eles ficassem um dia sem qualquer tipo de mídia. Ao final de 24 horas, foi percebido que muitos deles apresentavam sinais de abstinência, ansiedade e dificuldade de agirem normalmente sem mídias e contato social virtual.

A professora de jornalismo da universidade, Susan Moeller, que dirigiu a pesquisa, afirmou que muitos alunos descreveram ter odiado perder o contato com as mídias, comparando à perda de familiares e amigos. Ela diz que, "com BlackBerrys, *notebooks*, televisão e iPod, as pessoas se tornaram incapazes de ficar sem essa segunda-pele midiática". Segundo Moeller, o resultado publicado no Jornal O Globo foi que os alunos sentiram mais falta de enviar mensagens de texto, do MSN, *e-mail* e Facebook.

Preconceito e *Cyberbulling*

Uma falsa ideia de democratização vinculada à Internet é difundida entre os entusiastas da tecnologia, que a tomam como um poderoso instrumento de participação popular. Existe uma crença de que o acesso à rede e consequentemente à vasta informação que ela contém trariam maior conhecimento, desenvolvimento e engajamento político entre jovens e camadas mais humildes da população. No entanto, alguns estudos mostram que esta visão na realidade é mascarada ou mesmo míope, pois a Internet, muitas vezes não apenas não resolve um problema de divisões e preconceitos dentro da sociedade, como os reproduz e mesmo oferece recursos para serem alimentados.

É inquestionável o quanto a Internet tem um alcance inacreditável e leva informação a pessoas antes alijadas de muitos benefícios que ela trouxe. As redes sociais, por sua vez, tiveram um importante papel em levar jovens de baixa renda a interagir com outros e conhecer um mundo de oportunidades que antes não vislumbravam saber que existia. Fazer um perfil no Orkut significava para eles a possibilidade também de estar no mesmo local que outros milhões de brasileiros, de todos os lugares e de todas as classes sociais, trocando ideias, se conhecendo.

Para os usuários das classes C e D, no Brasil, que muitas vezes não possuem acesso à Internet de suas casas, mas pagam *lan houses* ou utilizam computadores de suas escolas e centros públicos, ou mesmo de acesso móvel de celular, as redes sociais são, em grande parte, o primeiro contato com a rede. O acesso por celulares para fazer *downloads* de toques para o aparelho também é uma das principais maneiras que esta parcela da população, principalmente os jovens, usa para estabelecer o contato com a Internet.

Mas da mesma forma que existia um muro barrando essas camadas das mais favorecidas, a Internet proporcionou acesso a mais conhecimento, mas não conseguiu derrubar essa barreira cultural entre estas pessoas. Como comenta Boyd (2010a) sobre a democratização, "não é porque mudou de distribuição para atenção que isto significou democratizar a informação. Democratizar tem mais a ver com acesso a todos, inclusive quando falamos do idioma falado e o que essas pessoas encontram em seus idiomas".

Ela explica que, nos Estados Unidos, a disputa entre MySpace e Facebook para saber qual era o *site* de rede social com o maior número de usuários esconde a questão da divisão social entre seus usuários. O MySpace acabou sendo relegado à condição de escolhido pelos que estão na base da sociedade, os *loosers*[10] [perdedores], enquanto o Facebook, criado por um aluno de Harvard, foi adotado por aqueles mais capazes. Ela complementa dizendo que quando se escolhe um ou outro, não se pode enviar mensagens para as pessoas do outro lado. Deixando claro que o muro cultural entre os usuários continua de pé. Boyd (2009b) diz que, no início, os adolescentes americanos perguntavam se tinham ou não MySpace e com o tempo já passaram a perguntar "MySpace ou Facebook"?

> No ano letivo 2006-2007 uma cisão entre os adolescentes americanos ocorreu. Aqueles jovens universitários ricos ou ascendentes reuniram-se no Facebook enquanto os adolescentes de famílias suburbanas ou menos privilegiados economicamente rejeitaram a transição e optaram por ficar com o MySpace, ao mesmo tempo rejeitando os temores trazidos pela mídia americana. Muitas crianças foram apanhadas no meio e optaram por usar os dois. (*online*)

No Brasil, algo bastante parecido já acontece. Usuários do Twitter, que pertencem em geral a segmentos mais abastados da sociedade, manifestam preconceito claramente afirmando medo de

---

[10] Termo bastante utilizado pelos estadunidenses para designar pessoas que consideram fracassados ou indignos de admiração.

a rede social ser invadida por integrantes de camadas mais populares. O Facebook também significou um certo *apartheid* com relação aos usuários que usam este *site* e os que usam o Orkut. Como o *Facebook* ficou conhecido no Brasil alguns anos depois do que o Orkut e a maioria dos usuários brasileiros fizeram perfil para manter contato com amigos no exterior, naturalmente essas pessoas pertenciam a camadas mais altas da população. Como o Orkut já estava bastante difundido por aqui, os convites começaram a chegar também a pessoas mais humildes e dificilmente se conhece um jovem que não tenha quem o convide para participar da rede.

Até *funk* já foi postado no YouTube com comentários preconceituosos afirmando que o Orkut foi "invadido" e que não se pode permitir que o Twitter também o seja. O *funk* diz: "só que o grande problema de uma rede social, é ficar igual Orkut, odeio inclusão digital". Segundo Boyd, pessoas até podem agir desta forma, mas problema ocorre se instituições e serviços apoiarem somente uma parcela da rede, políticos se dirigirem somente a uma parte dos cidadãos, educadores e criadores de políticas públicas interagirem com pessoas só por meio das ferramentas dos privilegiados.

Segundo Spyer (2009), decidir qual plataforma o indivíduo "tem mais afinidade tende a moldar a percepção do mundo a partir da perspectiva da comunidade que usa esse serviço. Haverá, sim, a abertura dos canais de relacionamento, mas, paradoxalmente, isso poderá distanciar ainda mais os grupos dentro da sociedade". Essa escolha pode ser uma mera tentativa de se aproximar de um grupo e a influência desse grupo pode ser forte para quem está tentando se inserir e se adaptar, a ponto de não discernir a qualidade de tal influência. Esse tipo de reação passiva pode gerar, por exemplo, comportamentos que utilizam o preconceito como razão para outras atitudes mais drásticas, como o *bullying*.

O termo *bullying* veio do inglês e é utilizado para descrever atos de violência física ou psicológica, com intenção e de forma repetida, praticados por um indivíduo (*bully* [valentão]) ou grupo de indivíduos com o objetivo de intimidar ou agredir outro indivíduo ou grupo de indivíduos incapaz(es) de se defender. Também existem as vítimas/agressoras, ou autores/alvos, que em determinados momentos cometem agressões, porém também são vítimas de *bullying* pela turma.

Mas o *bullying*, apesar de uma prática antiga, hoje continua sendo alvo de muitas discussões que envolvem pais e professores, principalmente porque ganha novas formas com o aparato tecnológico disponível aos jovens que já o praticavam. Uma delas é o *cyberbullying*, definido pelo *Cyberbulling Research Center* (www.cyberbulling.us) como uma "intencional e repetida agressão infligida por meio de computadores, aparelhos celulares e outros dispositivos eletrônicos".

O Centro de Pesquisa sobre *Cyberbullying*, mantido pelo Dr. Sameer Hinduja e o Dr. Justin W. Patchin, apresenta, em seu *site*, alguns depoimentos de jovens que sofreram *cyberbullying*. Um deles, um garoto canadense de catorze anos, diz: "Alguém me enviou inúmeros *e-mails* com somente duas palavras como "seu gay", "seu idiota" e este tipo de coisa. Quando eu sou intimidado (o que é raro), eu sou chamado de homossexual ou gay, então me acostumei, mas mesmo assim magoa".

Geralmente, o que ocorre é um desequilíbrio de poder nas situações que envolvem o *cyberbullying*. Segundo Hinduja e Patchin, Ph.D e autores de *Bullying beyond the schoolyard: preventing and responding to cyberbullying* [*Bullying* além do pátio da escola: prevenindo e reagindo ao *cyberbullying*], enquanto no *bullying* tradicional a diferença de poder é física, na versão *cyber* ela geralmente diz respeito à detenção de mais conhecimento sobre determinado tema. Ele enfatiza que o termo é utilizado para descrever o comportamento entre adolescentes ou crianças e não com relação a adultos.

Hinduja acredita que as formas pelas quais e os lugares em que podem se dar essa prática são os mais diversos, como *e-mails* agressivos, bate-papos, *posts* obscenos, mensagens de insultos por celulares, frases difamatórias em *sites* de redes sociais, ainda criar *blogs* e falsos perfis para difundir uma mensagem caluniosa etc. Com a tecnologia, celulares se tornam aptos a realizarem vídeos, fotos, entre outras funções que podem ser usadas contra alguém no momento em que fotografam ou gravam cenas em lugares onde teoricamente deveriam ser privados, como banheiros.

Algumas características que tornam o *cyberbullying* ainda mais maléfico é que pela Internet não há um supervisor barrando certos comportamentos, quem está agredindo, em boa parte das vezes, não se depara com uma reação imediata da vítima, e além disso, a difamação ou agressão pode chegar a muito mais pessoas em um curto espaço de tempo. Algo importante a ser levado em consideração é que em geral os adolescentes e mesmo as crianças têm mais domínio sobre aparelhos eletrônicos do que os adultos e, com isso, conseguem mascarar quando o praticam ou mesmo quando são vitimizados.

Um dos pontos levantados pelos especialistas é que muitos jovens que sofrem com o *cyberbulling* não chegam a contar para seus pais, pois temem que estes os proíbam de continuar usando *sites* de redes sociais ou bate-papos. Segundo eles, esses adolescentes alegam ter medo de o pai apenas dizer que a solução do problema é que eles retirem o perfil, por exemplo, do MySpace, mas isto poderia ser ainda mais traumático, pois o *site* também tem uma importância grande na vida deles.

Mas pais e professores além de incentivar os jovens a manterem um diálogo aberto e monitorarem algumas atividades das quais desconfiem que possa haver algum perigo, têm como perceber alguns sinais que podem indicar que a criança ou o adolescente possa estar sofrendo *cyberbullying*. Portanto, devem sempre estar atentos com relação a mudanças repentinas de comportamento, como começar a ter reações diferentes após usar o computador, não querer mais ir à escola, simplesmente não querer mais utilizar o computador, apresentarem aparência triste ou nervosa. Pois um aspecto particular do *cyberbullying* é que como os jovens estão frequentemente conectados dia e noite e sempre com seus celulares, o lugar onde eles teoricamente deveriam estar protegidos, que é a própria casa, acaba também sendo um local onde sofre intimidamento.

Comunicação de massa e *consumer-generated media*

Segundo John B. Thompson (1995), um dos maiores teóricos da comunicação, são quatro as características fundamentais dos meios de comunicação de massa (MCM): "a produção e a difusão institucionalizadas de bens simbólicos; a ruptura instituída entre produção e recepção; a extensão da disponibilidade no tempo e no espaço; e a circulação pública das formas simbólicas". A partir do momento que o cidadão comum começou a se rebelar contra esse sistema, passando a refletir sobre a forma como adquiria a informação, tentativas de quebra desses paradigmas se seguiram.

A produção de um jornal de bairro, a abertura de uma rádio comunitária, a produção independente de outras formas de cultura, tudo isso era válido e ainda o é. Ainda que alguns moldes dos MCM prevaleçam dentro destes meios/veículos. Com a possibilidade de produção pela Internet, a quebra de paradigmas não apenas se tornou mais fácil, mas, principalmente, hoje ela é acessível e gratuita. A produção não precisa mais necessariamente ser institucionalizada e muitos produzem para muitos outros, pois os processos de difusão também se modificaram; a produção e a recepção já procuram uma interação para sobreviver; o tempo e o espaço se reduzem; e o público se apropria de suas formas simbólicas. Segundo Cunha (2004) em "No Balanço da Rede", no livro *Culturas em fluxo: novas mediações em rede*:

> As teorias inaugurais do campo, lançadas nos Estados Unidos no início do século XX, tratavam o receptor como passivo, extremamente vulnerável à manipulação por parte dos meios de comunicação de massa. Era o tempo da chamada teoria hipodérmica, de viés behaviorista, que atribuía às mensagens dos MCM o poder de balas de revólver, metaforicamente capazes de penetrar na pele de indivíduos e inoculá-los" (pp. 59-60)

Há várias décadas, o que se tem observado é, como argumenta Edgar Morin, uma tendência para a transformação da "criação" em "produção". Essa tendência foi, durante muito tempo, alvo de estudos e críticas, pelos integrantes da Escola Alemã de Frankfurt. Horkheimer e Adorno empregaram o termo "indústria cultural" pela primeira vez, em substituição ao já utilizado por eles, "cultura de massa", que vinha tornando-se inadequado, tomando por base as transformações pelas quais vinha passando essa mesma cultura.

O termo é referente ao regresso da cultura a partir de análises da sociedade americana por volta da década de 1930. Esse "regresso" significa a transformação de uma cultura em um sistema de englobamento, posterior manipulação de uma "massa" ávida por distração, ou seja, uma fuga de sua realidade. A cultura se transforma, portanto, numa verdadeira indústria, onde a arte perde lugar para a alta reprodutibilidade, quando ocorre, segundo Benjamin, uma "desauratização" da obra de arte, que perde seu valor de culto para ganhar valor de mercado.

Surge uma estratificação dos produtos culturais, o que proporciona maior quantificação e, consequentemente menor qualidade. Os antigos produtos são constantemente reapresentados como novos, pois arriscar no novo pode não ser lucrativo. A indústria se preocupa com a produção e é esta quem vai determinar o consumo, ao contrário do que ocorria na sociedade pré-industrial. A cultura, vista aos olhos dos frankfurtianos, tornara-se "escrava" da tecnologia, na medida em que passa a girar em torno do lucro – fazendo-se indústria –, quando a alta reprodutibilidade (para se atingir mais mercados) e o investimento técnico têm mais valor.

Na verdade, há uma imposição para o consumo, rodeada por um jogo ideológico da publicidade, fazendo com que as pessoas acreditem necessitar de determinado produto. É o que Durkheim já considerava a respeito do consumo, como uma nova base para uma consciência coletiva, permitindo mesmo que esses indivíduos que pertencem a ela continuassem vivendo em sociedade e, além disso, os objetos fariam parte de uma lógica social, que seria esta a "lógica do desejo". Já Federighi (1999) acreditava que a globalização da economia mundial acabava por impor um padrão para as tendências de consumo, o comportamento e as aspirações.

O indivíduo, na indústria cultural, passa a perder sua autonomia e consumir passivamente os valores impostos a ele. O consumidor passa, como diz Adorno, de sujeito a objeto dessa indústria cultural. As pessoas têm a ilusão de liberdade de escolha, enquanto estão presas a uma pseudoindividualidade, manipuladas pelas normas sociais. Os próprios produtos culturais são feitos para impedir a atividade mental de quem os consome.

Esses indivíduos, integrantes de uma massa apática a qual Baudrillard (1985) denomina de a "maioria silenciosa", encontram-se cada vez mais individualizados, alienados e consumidores de uma mídia que pensa por eles. Ele considera característica fundamental da massa na modernidade, sua neutralidade, seu "sentido de inércia". As massas não têm mais maturidade representativa, segundo ele, elas não se expressam, são sondadas; não se refletem, são testadas.

Weber define a dominação como a "probabilidade de encontrar obediência dentro de um grupo determinado para ordens específicas". Ela é constatada em todo tipo de organização social na qual esteja presente um chefe ou soberano. Os doutrinados caem em processo de dominação sem se aperceberem, pois a possibilidade de doutrinação nunca é aparente.

As pessoas que vivem em sociedades tecnológicas são geralmente mais vulneráveis à dominação que se é dada pela mídia. Uma dominação mascarada que faz com que muitos relutem a essa ideia, mas como o dominado saber que foi dominado quando isto se dá em um nível simbólico – ou psicológico? O que é a realidade? A realidade é aquilo que cada um tem para si como tal. Se existe uma realidade, isto se dá das mais variadas formas, tais quais podemos percebê-la. O que deve ser lembrado é que alguns não a percebem; tomam a percepção de outros. Para Alzamora (2004), no capítulo "A semiose da informação *webjornalística*", do livro *Culturas em fluxo*,

> Hibridismo é a palavra-chave na Internet. Portanto, a informação que se processa no ciberespaço tende, cada vez mais, a mesclar aspectos da comunicação interpessoal e de massa às manifestações comunicativas típicas da rede, como são os casos das comunidades virtuais e dos *weblogs*" (p. 107)

Uma boa parte do que acontece na Internet hoje gira em torno do usuário individual, do conteúdo criado por ele, das comunidades que esses indivíduos formam e o tipo de interação que preferem utilizar. O chamado *consumer-generated media* (CGM) ou mídia gerada pelo consumidor é um termo utilizado para descrever o conteúdo que é criado e divulgado pelo próprio consumidor.

Com o avanço das tecnologias digitais, não foi apenas o acesso dos consumidores à informação que foi facilitado, mas também os espaços e formas para que os indivíduos expressassem suas opiniões. Na Internet, o CGM está presente em *sites* e portais diversos, fóruns, lista de discussões, *blogs* e *fotologs*, comunidades, grupos, YouTube, Wikipedia e as diversas redes sociais. Os usuários se valem das diversas ferramentas disponíveis para divulgar principalmente suas experiências pessoais e opiniões com relação a produtos, serviços, marcas, empresas, notícias e outras pessoas.

A tendência do CGM é um maior poder de influência sobre os outros consumidores do que as mídias tradicionais, porque são produzidos por iguais, por outros indivíduos e não por grandes instituições. Isso acaba gerando uma proximidade e consequentemente, mais credibilidade. Em vez de confiar em um veículo "frio" para receber o conteúdo que interessa, o internauta comum passa a escolher com filtros de informação outros usuários com os quais ele se identifica por compartilhar interesses e pontos de vista, considerando mais confiáveis, pois, segundo Spyer (2007), no fim das contas o usuário fomentador, o *lead user* ou *builder* procura constantemente comunidades com as quais possa trocar informações.

Muitas empresas incentivam a prática do CGM entre seus colaboradores e consumidores. Algumas já chegam a contratar empresas ou consultores especializados para pesquisar o que os consumidores estão comentando sobre a sua marca, produto ou serviço em comunidades e grupos na Internet. Um gerenciamento dessa informação começa a ser uma prática que vem tornando-se importante dentro de grandes empresas que monitoram o que o público diz sobre elas e interage, aproximando-se do usuário anônimo, mas que deve ser considerado único e especial.

Isso ocorre porque o indivíduo obteve espaço para demonstrar que quer ser valorizado e tratado como único e não mais um na manada. Nisso, ele tem o poder de dar valor àquilo que lhe interessa, e acaba dando valor ao que pode ser menor, mas lhe retribui esse valor. Enxerga-o e o trata como "o" indivíduo. Esse movimento de valorização do consumidor não é novo. Visto que, já há bastante tempo, empresas como as de cartões de crédito enviam correspondências endereçadas com o nome do titular, obviamente gerado com um *software*, mas para trazer a ideia de que conhecem o consumidor, o que não chega a ser verdade.

Em um universo menor de produtores de informação, o consumidor recebe atenção porque ele existe por ser ele e não por ser mais um. Ele sabe que também está gerando informação quando produz um comentário. Essa vontade de mostrar que também gera informação foi percebida sabiamente por empresas como a Amazon e eBay, que já usavam seus consumidores como "publicidade gratuita", pois conseguiam ver o quanto a opinião de um consumidor conseguia atingir mais fortemente outros consumidores do que a palavra de um vendedor ou o anúncio com qualidades de um produto.

Nessas duas empresas, os comentários dos usuários são automoderados e servem como uma vitrine, qualificando os produtos vendidos e já consumidos por eles, pois os usuários acabam confiando na rede de informações feita por outros usuários. Essa produção individual vem ganhando força por se aproximar dos indivíduos comuns, trazendo credibilidade para o que estão informando. Por isso, para manter audiência e se aproximar de seu público, muitos veículos de comunicação vêm mantendo *blogs* de profissionais ou de pessoas que ficaram conhecidas por formar opinião dentro da rede.

Com relação a isso, Orihuela (2007) avalia que a interatividade, a hipertextualidade e a multimidialidade constituem o que podemos considerar o potencial comunicativo da rede, mas que até hoje ainda é pouco incorporado pelas versões eletrônicas dos veículos tradicionais, ainda que caracterizem a forma como os novos agentes da comunicação se apropriam da *web*. O autor traz todo um apanhado sobre o surgimento de *blogs* e o que eles significam hoje no contexto da comunicação, principalmente na Espanha, onde vive e mantém seu *blog* ativo.

Os *blogs* são o grande espaço onde muitos encontraram para gerar conteúdo da maneira mais livre possível, até porque ali elas podem exercer o direito de ler e falar sobre o aquilo que desejam. Orihuela (2007) complementa, comentando sobre o tema:

> As razões que levam as pessoas a escrever *blogs* são tão variadas quanto as que definem a escrita em outros meios: necessidade de expressão, desejo de compartilhar saberes, desejo de se entregar em uma comunidade, busca de reconhecimento, exploração criativa, terapia, participação política, defesa de interesses ou mera exposição. (...) Os meios sociais restituem às pessoas o poder da comunicação pública, da circulação de informação e do estabelecimento de agendas[11] que, em grande parte, havia sido, até o momento, administrado de forma exclusiva pelos meios tradicionais. (p. 7)

---

[11] O termo "agenda", em Comunicação, significa estabelecer a pauta, ou seja, o que será notícia.

Público e privado

Para a psicóloga da PUC, Ivelise Fortim (2007), o conceito de voyeurismo, na pós-modernidade, deve ser estendido muito além do âmbito sexual, mas sim atingir quaisquer atividades em que o sujeito sinta prazer em ver o que o outro está fazendo. Nos últimos anos, parece uma tendência querer ver a vida de pessoas comuns na mídia. O ser humano sempre teve a curiosidade como sua característica. Quando não existiam ainda os meios eletrônicos de comunicação, as vizinhas fofoqueiras davam conta de falar da vida dos outros, fosse verdade ou mentira.

Com o advento do rádio, as estrelas cantoras tinham sua vida de certo modo mais expostas e, com a televisão, a exposição das celebridades se tornou muito maior, com revistas de fofocas exclusivamente dedicadas aos bastidores televisivos e suas invasões às vidas privadas desses personagens públicos. A Internet só facilita essa exposição e fica difícil esconder um grande segredo do público ávido justamente pelas informações não reveladas.

O filme *O Show de Truman* mostrou em 1998 o que já era tendência: a maior diversão do público era ver o que acontecia na vida de uma pessoa comum, no caso o personagem Truman, que nada mais era do que um homem simples, com uma família comum e que não tinha muitas novidades em sua rotina. No filme, todo um cenário é montado para que Truman (que foi adotado, ao nascer, por uma empresa da indústria cinematográfica) não descubra que ele, que não sabe que faz parte de um *reality show*, vive em uma vida montada por um estúdio de televisão, ao passo que os outros atores têm sua vida particular.

O filme faz uma analogia aos meios de comunicação como uma "máquina manipuladora", especialmente após o surgimento da mídia eletrônica, em uma situação extrema e inimaginada, mas que faz refletir até que ponto a mídia pode interferir na e/ou controlar a vida de alguém, ou mesmo de toda uma população. O filme traz uma metáfora entre o mundo mentiroso em que Truman vive e a relação que temos hoje com a mídia.

O modo como Christof (o criador do programa, que possui os comandos de câmera e efeitos da natureza presentes no *set* de filmagens) manipula a vida da personagem principal é como a mídia mantém a vida das pessoas sob controle. O medo que Truman tem de deixar seu mundo imaginário e o esforço do diretor para bloquear sua fuga são parecidos, respectivamente, com a própria relutância de quebrar uma relação simbólica que temos com a mídia e com sua indústria, preparada para atrair a todos, com suas recompensas, bloqueando aqueles que tentam reformar o sistema.

Duas atitudes possíveis em relação à mídia são retratadas no filme: ser absorvido por ela, aceitando sua realidade, porque é mais cômodo; e criar um distanciamento em relação à mídia, examinando seu significado e tentando entender suas intenções. Mudando da primeira atitude para a segunda, Truman se liberta do seu falso mundo, assim como um olhar crítico sobre a mídia pode fazer com que a influência que esta exerce sobre a maioria das pessoas, enfraqueça.

Esse filme explora além do poder da indústria da comunicação, as esferas do público *versus* vida privada. Pois a vida particular do personagem era observada por milhões de pessoas, tornando-se pública. Não é difícil imaginar que isso ocorra todos os dias quando famosos ou não têm sua privacidade invadida por repórteres sensacionalistas ou mesmo aqueles éticos, mas que no exercício de suas funções de transmitir a informação, buscam pistas em fatos da vida pessoal de quem não está disposto a exibi-la.

Thompson (1993), avaliando como o desenvolvimento dos meios de comunicação de massa vem modificar os domínios do público e do privado, diferencia-os como o que visa o lucro e o que é estatal. Ele completa agregando o valor de "restrito" ao que é privado e de "aberto" ou "visível" ao que é público. Partindo da ideia do autor, podemos ver que a midiatização do público e do privado pelos meios de comunicação de massa pode seguir diferentes caminhos e a natureza do evento, fatalmente, será modificada.

Os eventos públicos que são midiatizados passam por um processo de captação por um meio técnico de transmissão para que mais pessoas possam ter acesso, mesmo sem terem estado presentes. Apesar de serem de domínio público, vai adquirir um novo "status" após a veiculação pelos MCM. Da mesma forma que o evento não será igual para o conjunto de receptores que presenciou o fato original e para o que o viu pela televisão, por exemplo (por mais fiel que seja retratado), o acontecimento privado também será modificado. Ele irá adquirir esse "*status*" por se tornar público; acessível, em tese, a todas as pessoas.

É exatamente a tese dessa mudança na natureza do evento o que Thompson defende. O "*status*" que o evento adquire está repleto de valor agregado chamado "poder". Uma notícia veiculada pelos MCM poderia levar ao que Thompson chama de quase interação midiatizada e midiatização ampliada. Como consequência dessas veiculações, um público recebe a informação de forma privada (em suas casas, por exemplo), como se participassem dela também, e por sua vez, geram diálogos sobre o tema com outras pessoas, que acabam se tornando receptores secundários.

O Show de Truman foi produzido em um celeiro dos *reality shows*, que é os Estados Unidos. Mas a tendência de entretenimento vindo da observação da vida alheia não está apenas na televisão, sendo hoje também muito forte na Internet. Para Ivelise Fortim, o voyeurismo é potencializado no Orkut, que expõe os gostos e fotos de seus usuários e muitos deles criam *fakes*, ou seja, perfis falsos, apenas para conseguir entrar no perfil de quem quiser sem ser descoberto, já que o *site* tem uma ferramenta que mostra o nome dos últimos usuários que acessaram seu perfil. Assim, poderia observar fotos, descobrir por meio das comunidades as preferências de outros usuários sem revelar a identidade do curioso.

E passar horas despercebidamente vasculhando as informações de conhecidos ou não, acaba parecendo uma atividade comum como qualquer outra, porque sem querer e perceber, vamos acostumando-nos a isso. Como diz Hardt (2000 como citado em Brasil, 2004, p. 360, do capítulo "A arte do (des)controle", do livro *Culturas em fluxo*), a noção liberal do público como o lugar de fora, no qual estamos permanentemente agindo sob o olhar dos outros, tornou-se universalizada, pois estamos constantemente sob a observação das câmeras de vigilância, e sublimada, ou desrealizada, nos espaços virtuais do espetáculo.

O Twitter permite ainda que, se este for o desejo do usuário, todos aqueles que o seguem ou que acessem seu perfil, saibam onde ele está, o que está fazendo etc. O Foursquare e agora também o Facebook são capazes de mostrar também onde os usuários se encontram. Isto demonstra que não se trata apenas de um desejo *voyeur*, mas de uma prática, acima de tudo, em que o exibicionismo a sustenta. A distância estabelecida pela tela do computador, celular ou outro aparelho parece dar espaço, liberdade e desinibição para que a pessoa se exponha como apenas faria após muitos encontros presenciais.

Antigamente, as meninas faziam seus diários e não deixavam ninguém ler. Era segredo e talvez apenas as amigas mais íntimas tivessem esse privilégio. Hoje o conceito do que pode se tornar público tem mexido com o que os adolescentes antes consideravam vergonha e hoje pode ser vantagem contar aos amigos e conhecidos. Em *sites* como o Twitter e o Facebook, a exposição é máxima, pois por vezes parece ser esta a função dessas redes: mostrar aos seus contatos o que você está fazendo. O Facebook possui um mural no qual é publicado cada passo que o usuário anda dando pelo *site*. No caso dos dois também é possível enviar mensagens privadas, funcionando como um *e-mail*, não permitindo que todos vejam aquele conteúdo.

O próprio Facebook já foi alvo de críticas e campanhas contra tanta publicidade de dados, principalmente porque eles são usados para fins comerciais. A forma como os usuários lidam com a privacidade já vem sendo discutida há alguns anos e o que podemos perceber é que cada vez mais muitas pessoas estão dispostas a se expor em detalhes de rotina, gostos etc., mas que também são estas mesmas pessoas que provocam em outras a necessidade de uma discussão maior sobre as consequências de tanta exposição.

No Twitter, a vontade de ser popular se exacerba ainda mais que no Orkut e Facebook. Ter mais seguidores do que pessoas seguidas é significado de que a pessoa é famosa na rede social. Nele, famosos parecem ser pessoas comuns e pessoas comuns podem ser famosas, ou no mínimo se sentem mais perto destas. Ser uma personalidade pública na rede é atraente a quase todos os usuários que já não são conhecidos publicamente na vida presencial.

É nesta exposição que pessoas conseguem encontrar outras com interesses afins e se identificarem e estabelecerem novas relações, é nela que se encontra a razão de ser das redes sociais: mostrar um pouco de cada um ao mundo e todos nós nos conectarmos a ele. Neste sentido, Boyd (2008b) afirma que:

> A maioria das pessoas têm interesses, mas estes estão muito fortemente amarrados à sua rede de amigos. A web 1.0 era muito boa em dar suporte a práticas de direcionamento de interesses e muitos procuraram a Internet por se sentirem aliviados dos limites sociais

que sentiam *offline*. Enquanto a Internet tem sido excelente em marginalizar e apartar, suas práticas de direção de interesses não são a corrente principal. Para a maior parte das pessoas, estas práticas excedem seus contratos sociais. A Web 2.0 tem mudado as formas de contrato social. Ela expandiu as maneiras de as pessoas dirigirem seus interesses para encontrar conexões verdadeiras pelo mundo, mais significantes, que começou permitindo que ambientes públicos contenham amizades direcionadas. Na teoria e na prática, isto tem sido uma mudança radical. A grande maioria das pessoas no mundo é dirigida a fazer coisas de acordo com as pessoas que elas conhecem. Elas já usavam *e-mails* e bate-papos, mas não estavam fazendo parte de locais públicos na Internet e a Web 2.0 veio para introduzir as tecnologias que permitissem isto. (*online*, em tradução livre)

Mas ainda é preciso encontrar saídas viáveis entre lucrar com o negócio das redes sem violar a privacidade de dados dos usuários. Bem como o Google utiliza seus robôs para rastrear conteúdos de *e-mails* privados enviados pelo Gmail para assim conseguir direcionar melhor a publicidade de acordo com o interesse demonstrado pelo usuário, as várias redes também têm como utilizar informações dos seus usuários para vender como pesquisas de consumo ou interesses a outras empresas que tenham a intenção de trabalhar com estes públicos. O Google Buzz, criado recentemente, chegou a adicionar automaticamente dados dos usuários do Gmail aos seus contatos, como as conversas que mantiveram com outros contatos, o que causou o medo do uso por muita gente que já utilizava ou pretendia abrir uma conta no Gmail, e só então o dispositivo foi corrigido.

Dificilmente, a forma de uso das redes sociais vai mudar radicalmente. O mais provável é que novas tecnologias se instalem e façam parte de nossas vidas e releguem as redes a uma posição de reter menos tempo do usuário, o que me parece um comportamento saudável principalmente se pensarmos em muitos jovens que perdem horas monitorando as mudanças nos perfis (leia-se vida) de outros usuários, sejam amigos ou não. Acredito que o tema da privacidade naturalmente já venha mudando, também por uma questão de maturidade.

À medida que os jovens crescem, percebem a importância de manter alguns aspectos de sua vida mais protegidos, pois se preocupam com comentários no ambiente de trabalho, em novos negócios, que algumas informações possam atingir suas famílias etc. Internautas que mostram sua intimidade 24h por *webcam* publicizam demasiadamente o espaço privado. E avaliando sobre a forma saudável de lidar com essa exposição exagerada, apenas podemos compreender que o que vem em excesso não pode ser positivo. Muitos jovens estão preocupados ainda em pertencer a grupos, têm medo de não conhecer algo que muitos outros conhecem ou ter gostos muito díspares de seus amigos.

A forma como trocamos informações está mudando, porque outro aspecto recorrente hoje é a necessidade de dinamicidade. Em vez de enviarmos diretamente a informação a um amigo (envio de fotos por *e-mail*, por exemplo), preferimos um comportamento passivo (enviamos as fotos ao Orkut e, em seguida, informamos os amigos por *e-mail* onde localizá-las) e simplesmente elas estarão disponíveis e expostas a todos da lista de contatos que tenham interesse em ver. Boyd (2008b) inclui a importância desse tema em suas pesquisas sobre redes sociais, afirmando que:

> Existem propriedades que fundamentalmente modelam três dinâmicas diferentes que alteram como as pessoas interagem nos ambientes de mídia social: audiências invisíveis (na realidade até há como saber

bem quem são os diversos públicos, mas eles não são todos visíveis), colisões de contexto (algumas coisas devem ser ditas em determinados contextos e outras em outros, mas na Internet estes contextos se misturam), convergência pública e privada (difícil de definir o que é publico e privado, principalmente com as rápidas mudanças no ambiente no qual as pessoas estão inseridas). (*online*)

Hábitos e tendências

À medida que foram surgindo formas mais complexas e elaboradas de ferramentas de comunicação mediadas por computador, também foram se incrementando as maneiras de interação e expressão dos indivíduos. Fazer um perfil no Facebook ou Orkut é mais complexo do que criar um apelido para um bate-papo. A Web 2.0 parece ter como maior força justamente essa interação entre as pessoas, sejam elas conhecidas ou não, estejam elas no mesmo país ou não, pertençam elas a uma mesma classe social ou não.

Boyd (2009c) argumenta o quanto a Web 2.0 significa para seus usuários uma reorganização de práticas já baseadas na *web*, mas em torno dos amigos. Segundo ela, ferramentas de comunicação direta, como *e-mail* e bate-papos, foram e ainda são usados para se comunicar com alguém mais próximo, ao passo que *sites* de redes sociais servem muito para se conectar com estranhos em torno de interesses comuns ou aqueles conhecidos não tão próximos.

A Web 2.0 acabou retrabalhando este aspecto, permitindo aos usuários se conectarem de novas maneiras. Mas devemos perceber que enquanto muitas ferramentas de fato foram concebidas para ajudar pessoas a encontrar outras, o que a Web 2.0 mostrou foi que estas mesmas pessoas queriam na verdade era uma forma de estar em contato com aqueles que eles já conheciam, mas talvez de maneiras diferentes. Assim, mesmo *sites* como o Orkut ou Facebook nunca funcionaram efetivamente como *network* para a maioria dos usuários, sendo não muito mais que uma contínua socialização dentro das redes já preexistentes.

De acordo com a percepção de Joe Kraus (como citado em Wharton, no Portal Universia), Diretor do Departamento de produtos do Google, a Internet será 100% social no futuro. "Hoje, a computação social é uma coisa que fazemos em um *site* específico. No entanto, estamos percebendo que ser social não é algo que se limite a um *site*. É um conceito", diz Kraus. Assim, o processo de descoberta da informação estaria deixando de ser uma atividade solitária para se tornar uma atividade comunitária. Ele também considera que chegamos a esse estágio de Internet 100% social quando os meios permitam aos usuários três coisas: definir uma identidade única por meio da qual poderão se conectar a vários *sites*; compartilhar recursos privados, tais como fotos ou fazer contato com listas sem que tenham de informar suas credenciais particulares (como, por exemplo, a senha de sua conta de *e-mail*); distribuir informações por meio de diversos aplicativos sociais.

Isto não vai, porém, acontecer em um médio prazo, mas já se encaminha para ser uma realidade, pois hoje já existe uma convergência entre as diversas redes sociais, partindo de uma necessidade do próprio usuário e das próprias redes por uma questão de sobrevivência e crescimento. Quem *bloga*, *twitta* sobre o *post* e coloca também no Facebook ou em uma comunidade no Orkut, e assim, sucessivamente. O Google Friend Connect, lançado em maio de 2008, permite aos *sites* proporcionar facilmente recursos sociais a seus visitantes. Kraus acredita que o Google Friend Connect, que possui um *OpenID*, seja uma via de acesso à Internet aberta.

Lemos (2002) define bem o quanto essa conexão entre as pessoas é necessária e construtiva. Para ele, o ciberespaço vem se transformando em um grande computador coletivo. "Saímos definitivamente do modelo centralizado da era industrial para o modelo rizomático da cibercultura (...) estamos caminhando para a interface zero, total, para a simbiose radical do homem com a máquina, para a construção de uma sociedade *cyborg*", diz. Em sua opinião, o espaço propiciado pela Internet pode ir muito além do que já utilizamos e, aos poucos, vamos percebendo e nos apoderando das ferramentas que surgem ou evoluem. Para ele, o ciberespaço continua mostrando que o virtual não é desvinculado do real, e que ele pode, pelo potencial comunitário e associativo, "reforçar vínculos sociais e agregar pessoas em busca de uma apropriação criativa e lúdica do espaço urbano".

***

Uma das características mais marcantes da Geração Y é a preocupação com o meio ambiente e com os direitos humanos, cujas ações foram muito facilitadas por mais informação disponível na rede e maior poder de conexão e reivindicação proporcionado por espaços adquiridos por grupos que disseminam mensagens sobre o tema. Eles são, em geral, de jovens mais engajados e que sabem que precisam fazer algo a respeito, terem mais consciência ecológica e humanitária.

No sofá, um ativista. Assim, poderiam ser vistos esses jovens. Eles são capazes de lutar por grandes causas e promover grandes campanhas, sem sair da cadeira de seus quartos. Sabem que muitos temas podem ser debatidos e querem fazer parte de uma discussão, mostrar que também têm opinião e podem fazer a diferença, em geral, juntos. Mas preferem uma mobilização mais acomodada, menos revolucionária. Lutam assim para serem merecedores de destaque entre seus pares.

Também ocupam um espaço que lhes permita assumirem o papel de cidadãos, detentores de seus direitos. E ainda que não vivam grandes movimentos nas ruas, não querem mais ser jovens apáticos, que dependem dos adultos para se mexerem e conseguirem suas conquistas. São influenciados pelos adultos e também acabam influenciando-os a se moverem e a se engajarem. A Internet propiciou um espaço para que todos possam reclamar, reivindicar e mostrar que podem sim ter voz. Isso é muito forte entre os jovens e começa a se disseminar também entre adultos que antes buscavam outras maneiras mais burocráticas de exercer seus direitos ou sequer vislumbravam formas de conseguir denunciar, mostrar que foram violados em seus direitos de cidadão e consumidor.

As empresas já perceberam que precisam ser mais transparentes e idôneas, além de melhorar sempre seu atendimento, pois a Internet acaba sendo uma aliada daqueles que querem reclamar e mostrar o que está errado, em suas opiniões. *Sites* como o Reclame Aqui têm respaldo entre os consumidores que querem pesquisar sobre serviços de empresas. As redes sociais acabam sendo usadas também como espaço de pedidos e reivindicações. Mensagens sobre política em período eleitoral e até casos particulares que ganharam popularidade mundial, como o caso do menino Shawn, que ganhou foto e pedidos de guarda do pai, no Facebook, começam a se tornar corriqueiros.

Assim, a Internet, como espaço de denúncia, fortaleceu o consumidor e o resultado é que as empresas passem cada vez mais a se preocupar com imagem e tomem atitudes mais enérgicas de melhoria. Como bem exemplificam Islas e Caro (2010):

As redes sociais na Internet favoreceram o "empoderamento" da cidadania. A generosa imaginação cidadã concebeu a possibilidade de utilizar redes sociais, como Facebook, como efetiva plataforma de organização de seu trabalho como da difusão de suas ações. Na Colômbia, por exemplo, organizações cidadãs promoveram por meio do Facebook, a realização de uma grande concentração pública (500 mil pessoas), em 4 de fevereiro de 2010, na Praça Bolívar, em Bogotá, para manifestar-se contra as Forças Armadas Revolucionárias da Colômbia (FARC). (*online*)[12]

***

As inacessíveis discussões que se intensificaram em meados da década de 1990 dividindo e contrapondo qualidades das novas tecnologias *versus* a imprensa ou outros meios de comunicação de massa eram vivenciadas por críticos, que mostravam seus pontos de vista, uns eternos românticos apaixonados pelo texto no papel, outros exageradamente deslumbrados pelo clique na tela do computador.

Com isso, muitos conceitos surgiram e mais qualidade se via em cada meio, mas dois pontos ainda existem e talvez seja uma questão de pouco tempo para que se transformem. O acesso ao meio que se diz tão democrático, que é a Internet, ainda precisa chegar a muitas pessoas para realmente fazer jus a uma de suas melhores características. Em segundo lugar, e apesar de as críticas ao modelo da comunicação de massa, muitos ainda hoje utilizam a Internet como tal.

---

[12] Mais sobre o tema em: http://www.npr.org/templates/story/story.php?storyId=18689653

Em minha própria experiência como assessora de imprensa, lembro quando comecei a exercer essa função e enviava *e-mails* massivamente com a mesma informação, fosse quem fosse o receptor. Com o tempo de experiência, a prática e a observação, comecei a perceber o quanto isso poderia ser improdutivo e um trabalho que chegaria mesmo a se voltar contra mim, pois um *e-mail* enviado em massa, hoje já não é mais bem-vindo, talvez há uns dez anos sim, pois como não havia tantas empresas enviando *e-mail-marketing*, *releases* e *newsletters online*, correntes religiosas, apresentações em PowerPoint com histórias comoventes, sem falar nos abomináveis *spams*, muitos deles com vírus, nossa caixa de entrada não vivia superlotada e tínhamos até tempo e curiosidade de ver muitos deles.

Mas com a necessidade de otimização de tempo, com a quantidade de *e-mails* aumentada e o discernimento do que vale à pena checar em seus *e-mails*, o trabalho de um assessor de imprensa que hoje envia um *release* a uma lista de quinhentos jornalistas indiscriminadamente, é um trabalho que pode parecer fácil e prático, mas em vão e que traz pouco ou nenhum retorno. Ou seja, o público da Internet, definitivamente deixa de ser massivo e quer ganhar espaço e ser especial, pois ele também tem voz e torna-se alguém de fundamental importância: passa de receptor da informação, para consumidor e produtor do conteúdo.

Como argumenta Boyd (2010), "para ser relevante hoje é preciso ter um contexto compreensível, ser popular e ter reputação. Antigamente, havia um organizador da disseminação da mensagem e ela era uma fonte de informação, hoje as fontes e destinos se mesclam e confundem". Por isso, a tendência é que cada vez mais se exija uma profissionalização dos *blogs*. É importante que ganhem credibilidade e assim como hoje algumas pessoas já trabalham como blogueiros profissionais, aqueles que permanecerem como amadores devem fazer um bom trabalho, confiável e o mais próximo possível de um profissional, pelo menos no que se refere a conteúdo, ética e qualidade.

Conquistando os usuários, ganham confiança e o que já ocorre hoje parece um caminho a se seguir, mostrando que pode ser uma tendência que o uso de RSS[13] se converta em um formato-padrão de distribuição de conteúdo de texto, áudio e vídeo. Seguindo essa linha, redes sociais como o LinkedIn e muitas outras têm sistema para avisar no *e-mail* as novidades de outros usuários ou lembretes para convidar o usuário a entrar mais no *site*.

Porém um aspecto negativo com relação ao que é produzido e disponibilizado hoje na Internet ainda é a falta de crítica dos receptores e a pobreza do conteúdo oferecido. Com isso, grande parte da população apenas escolhe absorver aquela informação mais facilmente digerível, o que, em outras palavras, significa, muitas vezes, sem profundidade, sem a densidade necessária para realmente adquirir algum conhecimento que valha à pena.

Keen (2009), em seu livro *O culto do amador*, aponta uma série de maus-usos e tendências relacionados à Internet. Ele considera que "uma cultura radicalmente democrática dificilmente conduziria ao conhecimento erudito ou à criação de saber". Ele completa dizendo que infelizmente a verdade é que enquanto um estudioso ou profissional com senso crítico é capaz de distinguir os delírios equivocados 'de um qualquer'[14] (...) da sabedoria dos especialistas, o usuário médio da Internet não o é. A maioria de nós supõe que a informação que obtém é digna de crédito". Por isso, ele diz:

---

[13] O usuário recebe diretamente as atualizações, por meio da assinatura do *feed*. RSS significa *really simple syndication* [distribuição realmente simples] e é uma maneira de distribuir a informação, uma combinação de tecnologias "*pull*" – com as quais o usuário solicita as informações que deseja – e tecnologias "*push*" – as quais informações são enviadas a um usuário automaticamente.

[14] Inclusão minha, para dar sentido mais generalista à sua frase. O termo originalmente usado foi *moonbats*.

> Nós – aqueles que querem saber mais sobre o mundo, os que são os consumidores da cultura convencional – estamos sendo seduzidos pela promessa vazia da mídia "democratizada". Pois a consequência real da revolução da Web 2.0 é menos cultura, menos notícias confiáveis e um caos de informação inútil. Uma realidade arrepiante nessa admirável nova época digital é o obscurecimento, a ofuscação e até o desaparecimento da verdade (...) Temo que vivamos para ver a maior parte de nossa música vindo de bandas amadoras de garagem, nossos filmes de televisão dos glorificados YouTubes e nossas notícias sobre mexericos de celebridades hiperativas, servidas como mero acompanhamento para publicidade. (p. 128)

No entanto, a Internet não é a responsável pela não formação de massa crítica de boa parte da população. É necessário que isso seja proporcionado principalmente por investimento em políticas públicas em educação. A tendência é de que, em um futuro próximo, as comunidades do tipo horizontal dêem lugar às do tipo vertical (mais específicas e segmentadas), assim existe também a possibilidade de que os indivíduos possam aprender mais e desenvolver opiniões, justamente por estarem envolvidos em grupos mais restritos nos quais tenham maior participação.

Se as redes podem ser tomadas com usos banais, isto não significará seu fim, mas sim um alerta para que possam ser aprimoradas e nos possibilitem evolução, pois como argumenta Boyd, tipos específicos de mídias sociais podem ir e vir, mas suas propriedades permanecerão. Novas formas de tecnologia continuarão incrementando as redes sociais à medida que avancemos, pois estamos todos envolvidos neste processo, seja como cidadãos ou governantes, como pais ou filhos, como usuários ou simples indivíduos.

Post 3. Cumplicidade virtual - vidas reais no celeiro digital

Quando uma amiga me sugeriu no final de 2007 que eu fizesse um *blog*, eu ainda não sabia bem como deveria fazê-lo. Fiquei imaginando que gostaria de dizer tantas coisas, e acredito que esta seja a vontade de muita gente que pensa em tornar público pensamentos, escritos etc. No entanto, ao mesmo tempo, eu queria disponibilizar os trabalhos acadêmicos que eu já tinha escrito, algumas pesquisas e matérias e decidi que usaria o espaço do *blog* para criar um arquivo virtual com textos que pudessem ser pesquisados. Não tinha cara de *blog*, eu não sabia que ele poderia ser seguido por leitores, que os comentários seriam enriquecedores, e minha vontade era apenas deixar os textos para consulta bibliográfica.

E assim surgiu o Psiquë & Sexualidade. Mas como muita coisa na Internet, não aconteceu da maneira que eu imaginei. Os textos não ficaram ali estáticos e mesmo eu não permitindo a interação de comentários, comecei a receber *e-mails* de pessoas que encontraram o *blog* e queriam discutir e saber minha opinião sobre temas pessoais, que envolviam principalmente suas angústias e dúvidas sobre a sexualidade, já que é o tema principal do *blog*.

A partir de então, comecei a perceber a responsabilidade que eu estava assumindo em manter uma conversa com aqueles que me escreviam, pois eles já haviam liberado suas dores e medos ao escrever. Na expectativa de uma resposta, seus *e-mails* já estavam na minha caixa de entrada. Eu já começava a ler e a saber temas por vezes tão íntimos que imagino que não fosse possível contar a mais ninguém.

Essa procura por orientação foi, definitivamente, inesperada para mim. Disponibilizei meu contato de *e-mail* para quem tivesse interesse em obter os arquivos originais postados ou dinâmicas de grupo utilizadas em algumas aulas de sexualidade que ministrei, mas não esperava conhecer a história de pessoas tão diferentes e manter contato com algumas delas, que se aliviavam de alguma forma em me relatar o problema pelo qual vinham passando ou que já viviam há anos. E a cada novo contato eu podia enxergar o quanto aquela palavra era importante para quem me escrevia.

O Psiquê então mudou de cara, transformou-se, passou a ter *posts* mais leves e atuais, se diversificou um pouco, passou a aceitar comentários e seguidores. Ainda assim, por se tratar de temas tão delicados, por serem em geral segredos íntimos, continuei recebendo muito mais *e-mails* do que comentários postados. Assim, procurei também aprender mais sobre como se dava essa expressão pela Internet, como os usuários se apropriavam de ferramentas e vantagens de seu uso, como as redes sociais estavam cada vez mais fazendo parte da vida de jovens e adultos e mudando hábitos e formas de socialização. Foi a partir daí que comecei a pensar o quanto a Internet também é um meio e suporte para as angústias que se multiplicam entre os indivíduos. E o quanto é necessário comprometimento quando alguém se disponibiliza a ser parte desse suporte.

Os indivíduos já procuram sanar suas dúvidas, receios, problemas de relacionamento familiar, distúrbios sexuais etc. desde que alguém se coloque disponível para ajudar. Se ainda não havia psicólogos, que fosse um amigo, se não havia um especialista em sexualidade, que fosse um médico, e assim por diante. Muitas das pessoas que, por alguma razão, não tiveram acesso a profissionais especializados, já nos anos 1980, procuravam serviços oferecidos em revistas femininas, no qual um psicólogo respondia cartas de quem tinha dúvidas sobre a vida sexual ou profissional, envolvendo o comportamental.

Mais tarde, surgiram programas na televisão, como o Erótica, da MTV, que recebia ligações de telespectadores com perguntas sobre sua sexualidade e estas eram comentadas e respondidas pela apresentadora e um psiquiatra. A faixa etária era em geral de adolescentes, alguns ainda perguntando sobre virgindade e menstruação. Já as revistas costumam ser direcionadas para uma faixa etária mais madura, com homens e mulheres que já estão vivenciando uma carreira profissional, casamento e filhos.

Hoje, já existem diversas publicações voltadas especificamente à psicologia, comportamento, atividades mentais etc. Surgiram outros programas de televisão que tratam temas relacionados ao comportamento humano e interagem principalmente com jovens, cheios de dúvidas e vergonhas quando têm de lidar com essas questoes com amigos e familiares. Mas, sem dúvida, na Internet é onde muitos acabaram encontrando um refúgio, uma resposta, um apoio, ainda que não profissional nem o mais adequado, mas que de alguma forma traziam conforto.

Muitos desses jovens não querem procurar os pais quando têm algum problema e estes não percebem que seus filhos precisam de um apoio profissional. O mesmo se dá entre adultos, que por alguma razão, como medo da reação do cônjuge, por exemplo, disfarça uma angústia que já não pode ser suportada.

Na Internet, estão disponíveis livros, trabalhos acadêmicos, artigos científicos, grupos de estudo e de discussão sobre os temas mais variados, pessoas que entram em bate-papo para conversar, desabafar, outras que buscam informações sobre quem poderia ajudá-las na vida presencial. Não havia razão, portanto, para que os psicólogos tardassem mais em oferecer também seus serviços pela rede. Um meio que só tende a crescer e consegue crescer em uma velocidade ainda maior que o desenvolvimento urbano e econômico, que é um dos mais fortes fatores de geração de angústias relacionadas a estilos de vida cada vez menos saudáveis.

Quando algum conhecido meu me conta que encontrou seu terapeuta pela Internet, eu já questiono internamente sobre sua competência, mas quando alguém me diz que está recebendo orientação *online*, minha desconfiança aumenta ainda mais. Mas não sou a única psicóloga a ficar apreensiva quando um profissional é encontrado sem muita referência para cuidar de algo tão precioso quanto a mente humana. Mas acredito também que, vinda de uma época em que oferecer serviços desse tipo ainda era completamente antiético e suspeito, a tendência seja uma demonstração mínima de desconfiança.

De qualquer forma, somos geralmente resistentes a mudanças, mas não temos o direito de barrar uma necessidade de o indivíduo buscar apoio. Acredito que a tendência seja que essa necessidade faça com que os profissionais percam seus preconceitos paulatinamente, bem como os pacientes cada vez tenham acesso a melhores profissionais disponíveis na rede, oferecendo outras maneiras de atendimento, mais adaptados às novas exigências da vida contemporânea, como a falta de tempo para todas as atividades diárias.

Hoje, já percebemos que até mesmo quem não é muito familiarizado com os imensos recursos que a Internet possibilita, procura de alguma forma encontrar respostas aos próprios problemas diários, na rede. Jovens e adultos entram em comunidades virtuais e grupos de discussão para saber o que fazer em determinadas situações, conseguir um conselho de alguém que já tenha vivido situação parecida e possa compartilhar a experiência. E são as redes sociais, atualmente, que têm o importante papel de permitir um dos principais espaços de interação entre pessoas que não se conhecem, mas que possuem algo em comum.

Redes sociais na Internet

> Mídias sociais ou *social media* são "ferramentas *online* projetadas para permitir a interação social a partir do compartilhamento e da criação colaborativa de informação nos mais diversos formatos". Wikipedia

Partimos do pressuposto de que as redes sociais não são nenhuma novidade. Afinal o homem sempre procurou associar-se de alguma forma aos seus pares em busca de trocas benéficas, fosse de alimentos, conhecimento, companhia etc. Mas e por que esse termo se tornou tão falado nos últimos tempos? A novidade é que as redes sociais virtuais se tornaram campos abrangentes e complexos de socialização. Tornaram-se mídias eletrônicas, espaços de exposição artística e cultural, ambiente de busca de conhecimento e interação, lugar de encontro para entretenimento de jovens, ou seja, as redes sociais virtuais se converteram em parte importante da vida de muita gente. Como diz Wellelman (2002 como citado em Recuero, 2009):

> Redes sociais complexas sempre existiram, mas os desenvolvimentos tecnológicos recentes permitiram sua emergência como uma forma dominante de organização social. Exatamente como uma rede de computadores conecta máquinas, uma rede social conecta pessoas, instituições e suporta redes sociais. (p. 93)

Como resume Recuero (2009), as ferramentas de comunicação mediadas por computador geram formas de expressão que, além de auxiliar a individualizar os atores[1] que tomarão parte na interação, constituem os nós das redes sociais. Para ela, é a partir das interações que atores do sistema vão desenvolver entre si o que vão constituir como substrato para a formação dos laços sociais e posteriormente as conexões de rede. Esses laços podem ser fracos ou fortes, dependendo das interações e trocas sociais ocorridas entre os atores, e essas trocas são, por sua vez, constituídas pelo capital social.

O capital social faz parte de um processo construído muitas vezes de forma natural, em outras vezes com um certo esforço, mas, de qualquer forma, leva algum tempo. Quando alguém possui muitas pessoas dispostas a apoiar suas ideias, interessadas em ouvir o que esse indivíduo tem a dizer, significa que essa pessoa tem um grande capital social. Se o capital financeiro é simbolizado pelo dinheiro, o social seria pelos amigos, ou contatos. Sendo assim, o capital social se refere tanto à rede de relacionamentos que

---

[1] Ela conceitua "atores" como aqueles indivíduos que agem nos processos de comunicação, utilizando as diversas ferramentas que os individualize de alguma forma.

o indivíduo possui quanto ao acesso aos recursos proporcionados por eles.

Pierre Bourdieu já considerava o capital social como o agregado de recursos ligados à posse de uma rede de relacionamentos que fosse durável. Segundo Powel (2010), "em sua maior parte, o capital social é constituído fora do computador e em tempo real". As redes sociais permitem que pessoas fiquem em contato com outras pessoas com quem compartilham ligações fracas, e manter esses contatos significa apenas aumentar o acesso a recursos e ao capital social, mas o que pode fazer a diferença entre ter muitos contatos e realmente construir uma rede de contatos é transformar alguns destes em ligações fortes.

Ou seja, de nada adianta ter milhares de contatos virtuais se uma rede não foi efetivamente construída. Dessa forma, Powel (2010) considera que trocar cartões em um evento seria equivalente a adicionar pessoas em seus perfis, mas fazer uma ligação, enviar um *e-mail*, ou seja, tornar este contato permanente, de fato significa manter uma rede de contatos. E ela traz à tona outro fator de extrema importância como parte dessa dinâmica: o capital cultural.

Para ela, se alguém realmente busca atingir o sucesso na rede por meio de contatos, não adianta apenas ter amigos e conhecer pessoas, mas é necessário fazer a diferença entre eles. O capital cultural seria simbolizado pela influência que a pessoa exerce sobre um círculo de contatos. Powel (2010) explica que, se antigamente este capital era conseguido por meio de condição social, hoje isto mudou e muito por causa da Internet. Alguém com habilidade social pode conseguir muitos contatos e amigos pela rede e se tornar um formador de opinião, sendo reconhecido e influente em um meio.

Para isso, é necessário, antes de mais nada, que um capital social tenha se desenvolvido e as dinâmicas das tendências de ciclos de retorno – ou seja, quando algum fato pode ganhar repercussão negativa ou positiva na rede, que este seja revertido pelo lado positivo, trazendo visibilidade a alguém – e celebridade virtual sejam compreendidas. A reputação associada ao capital cultural leva tempo para ser construída *online* e, por isso, o usuário precisa primeiro mostrar que é genuíno em suas intenções, para em seguida ganhar confiança, e só então a influência será uma consequência.

Um ponto a considerar antes de analisar uma rede na qual alguém pretende entrar é o que Augusto de Franco (2008 como citado em Recuero, 2009, p. 56-7) chama de tipologias. Segundo ele, elas são essenciais para as redes sociais e estão divididas em tipos básicos: distribuídas (todos os nós possuem praticamente a mesma quantidade de conexões – é a efetivamente considerada por Franco como rede), centralizadas (um único centro em formato de "estrela") e descentralizadas (possui vários centros). Ele avalia a eficiência da rede de acordo com a estrutura, já que estas são capazes de alterar o fluxo de comunicação nas redes.

As redes costumam ser dinâmicas e permanecer em constante mutação, não devendo ser vistas como estáticas. Recuero (2009) traz ainda a ideia abordada por alguns teóricos de que "a interação social é compreendida como geradora de processos sociais a partir de seus padrões na rede, classificados em *competição, cooperação e conflito*" (itálicos da autora). Não há dúvidas de que o movimento de cooperar é que propicia muitas das interações entre os indivíduos, estejam ou não em grupo, e seja qual for a intenção, mas é ele que alimenta o convívio em sociedade. Já a competição e o conflito se diferenciam porque a primeira pode até mesmo gerar cooperação entre um grupo para conseguir ser mais forte perante outro, mas o conflito tende a gerar desgaste e desintegração.

Uma das dinâmicas, chamada por estudiosos de clusterização, refere-se à ruptura e agregação, e já é esperada naturalmente dentro das redes. Nos grupos, pessoas vão se agregar e outras vão romper. Alguns dos autores que tratam o termo são Barabási e Albert (1999), que trazem a importância dos conectores dentro desses grupos, que seriam pessoas com muito mais poder de conexão que a média do grupo. Eles são fundamentais na topologia da rede, porque são eles que criam tendências e espalham a informação. São formadores de opinião e, a partir do que eles dizem, pessoas podem conectar-se, interagirem entre si ou influenciar a dinâmica e disposição do grupo.

Um exemplo disto são mobilizações feitas por moderadores de comunidades ou mesmo por usuários com muitos contatos, independente de qual canal de rede estejam usando, quando sofrem alguma injustiça ou querem promover algum evento. Se algumas pessoas do mesmo grupo são contra, elas podem não ter poder de transformar um pedido ou uma opinião que se alastra quando vem de uma dessas pessoas com muito poder de conexão. Naturalmente, algumas pessoas podem não se sentir interagindo suficientemente ou sentir que foram de certa forma excluídas da vontade da maioria do grupo e se afastarem. Essa dinâmica sempre acontecerá em grupos nos quais os usuários são mais ativos.

Essa dinâmica acaba levando a um outro conceito relacionado ao de auto organização e que é propriedade de sistemas mais evoluídos e de redes: a adaptação. Sobre ele, Recuero (2009) fala que, por as redes e sistemas sociais estarem em constantes mudanças, isto acaba implicando o aparecimento de novos padrões estruturais. Para Recuero (2009):

> (...) a mediação pelo computador, por exemplo, gerou outras formas de estabelecimento de relações sociais. As pessoas adaptaram-se aos novos tempos, utilizando a rede para formar novos padrões de interação e criando novas formas de sociabilidade e novas

organizações sociais. (...) Como a comunicação mediada por computador proporciona que essas interações sejam transportadas a um novo espaço, que é o ciberespaço, novas estruturas sociais e grupos que não poderiam interagir livremente tendem a surgir. Redes sociais, portanto, precisam ter capacidade de *adaptação*, pois têm um *equilíbrio dinâmico*, constantemente redirecionado entre caos e ordem. (p. 89, itálicos da autora)

Como exemplo de adaptação, podemos entender iniciativas de *sites* de redes sociais de proporcionar ao usuário que tem uma conta em um *blog* ou um perfil no Orkut restringir os comentários sobre suas fotos e recados somente para serem visualizados pelos amigos ou dependendo de aprovação para serem publicados. Muitos chegam a optar por essa alternativa após terem sido vítimas de comentários anônimos com intuito de caluniar ou causar polêmica ou discussão desnecessária.

Sobre os diversos comportamentos emergentes nas redes sociais, que podem surgir da apropriação de ferramentas ou interações entre os atores, entendo que ainda podem surgir outros comportamentos derivados ainda mais complexos e específicos, sendo assim, o estudo dos elementos de uma rede social na Internet deve sempre levar em consideração o fato de que essas redes não são estáticas, paradas e menos ainda independentes do contexto no qual estão inseridas. Elas geralmente são mutantes e com tendência a apresentar comportamentos criativos e inesperados.

Para Recuero (2009), a expressão das redes sociais na Internet pode ser resultado de como os atores sociais usam as ferramentas disponíveis e, assim, podem ser classificados em dois tipos: as redes emergentes e as redes de filiação ou associação. As redes emergentes dependem muito do tempo disponível que os indivíduos possuem para investir em uma interação, por isso além de constantemente reconstruídas, tendem a ser mais conectadas, porém menores e menos centralizadas. Mas também são constituídas por interações sociais que têm em seu âmago o sentimento de pertencimento relacional, que faz com que o usuário valorize fazer parte da rede. Elas são diferentes em comparação às de filiação ou associação principalmente com respeito à dinâmica, pois as emergentes mudam com maior frequência, ao passo que as outras são bastante estáveis.

Já nas redes de filiação ou de associação há apenas um conjunto de atores, mas são redes de dois modos e são medidas duas variáveis: os indivíduos e os eventos. Essas seriam as redes derivadas das conexões estáticas entre os atores, ou do que ela chama de interações reativas[2], que possuem impacto na rede social. As conexões dessas redes são providenciadas por meio dos mecanismos de associação dos *sites* de redes sociais, como as listas de amigos. Portanto, essas redes podem ser muito maiores que as emergentes, porque uma vez feita a conexão, o ator permanece ali (no caso da lista de amigos do Orkut, por exemplo) sem a necessidade de uma interação. Sendo assim, por serem redes *online* que possibilitam a presença sem ou quase sem custo algum, acabam providenciando grandes redes, mas de laços muito fracos, inclusive sequer recíprocos, como os seguidos e seguidores do Twitter.

Tomemos os *sites* de redes sociais como *softwares* que permitem que o usuário crie um perfil ou página pessoal, estabeleça interações por meio de comentários e cada indivíduo tenha sua exposição pública na rede social. No entanto, alguns deles não são a princípio construídos para oferecer um espaço para o perfil de usuários, mas com a apropriação dos indivíduos interessados em utilizá-los como rede social, acabam se convertendo em novas

---

[2] Uma interação de um usuário, por exemplo, com um *link*, no qual ele apenas pode decidir entre interagir (clicar/repassar) ou não.

redes, como é o caso de alguns *blogs, fotologs*, que expõe mais da personalidade e mesmo da intimidade de seu dono, mas acabam comportando uma forte troca de comentários entre usuários, gerando interação entre grupos formados internamente.

O intuito de ingressar em uma rede pode ser completamente diversificado para cada um. Alguns querem visibilidade, outros encontram nela uma maneira de se aproximar de pessoas, outros buscam um meio de expressão, e assim por diante. Alguns aspectos que permeiam essas participações em redes sociais são a possibilidade de adquirir uma reputação, busca por visibilidade, ganhar popularidade ou mostrar autoridade em algum tema. Boyd (2010) diz que:

> A maioria dos jovens usa redes *online* para estender a amizade que navegam nos contextos familiar de escola, igrejas, academias e outros locais de atividades. Eles podem estar "sempre *online*", em constante contato com seus amigos por meio de comunicações privadas, como mensagens instantâneas ou telefones celulares, bem como em vias públicas, através de *sites* de redes sociais como MySpace e Facebook. Com estas práticas de amizades dirigidas, os jovens estão quase sempre se associando a pessoas que já conhecem em suas vidas *offline*. A maioria dos jovens usa novas mídias para "*hang out*"[3] e estender amizades já existentes, nestes meios. (*online*)

Sendo assim, bem como uma rede social deve ser tomada como uma forma de representação de relacionamentos afetivos ou profissionais entre si ou entre seus agrupamentos de interesses, as redes sociais na Internet estão abertas à entrada de novos membros que aceitem as regras de intercomunicação estabelecidas. No

---

[3] Encontrarem-se.

entanto, essas regras tendem a mudar pela própria dinamicidade da rede. E o autodesligamento de algum de seus membros não deve também resultar em um problema, pois da mesma maneira que o indivíduo uma vez possuiu a liberdade de ingresso deve obter também a opção de deixá-la.

Cumplicidade virtual

A comunicação já diz respeito às relações que buscam romper com o isolamento. Os seres humanos se aliam a outros por necessidade ou identificação. Disso também tratam as redes sociais. São as identificações que proporcionam boa parte de suas interações. E estas identificações dificilmente são com apenas um grupo, até mesmo porque barreiras etárias e geográficas foram sendo quebradas nas últimas décadas. O indivíduo tem uma extensa gama de possibilidades à sua escolha e por vezes titubeia em se decidir, por outras parece simplesmente acompanhar tendências.

Tantas opções trazem à tona uma questão, que é a definição de personalidade, gostos, grupos, ou seja, a identidade. A fragmentação das identidades, onde o unitário carrega uma variedade dentro de si, é recorrentemente citada como uma das diferenças que separam a modernidade da pós-modernidade. Hall (1992) explica que a partir do processo de descentramento ou deslocamento do sujeito, surge a chamada "crise de identidade", quando caem velhas identidades estabilizadoras do social e surgem novas, fragmentando o indivíduo moderno, antes visto como um sujeito unificado.

Ele nos apresenta três concepções de identidade, que foram-se modificando, ao longo da história, por meio das mais variadas transformações sofridas pelos indivíduos. São elas: o sujeito do iluminismo (totalmente centrado, unificado, racional, dotado de um núcleo interior, que permanecia essencialmente o mesmo ao longo da existência do indivíduo); o sujeito sociológico (tinha consciência de que esse núcleo interior do sujeito era formado a partir da interação com a sociedade e a cultura); e o sujeito pós--moderno (sua identidade se fragmenta e ele está composto de várias identidades possíveis, assumidas em diferentes momentos e não unificadas ao redor de um "eu" coerente). Para Lago (1992 como citado em Silva, A. L., Lago, M. C. & Ramos, T. R., 1999):

> Identidade pressupõe a concepção de idêntico, e em se tratando de identidade cultural, de grupos sociais, os valores ressaltados são as características em comum entre os membros do grupo, que os tornam semelhantes entre si e os diferenciam de outros grupos. (...) As semelhanças entre os membros do grupo são fatores de identificação entre eles. (p. 121-2)

Um fator complicador é que as identidades individuais são também sociais, já que os sujeitos são constitucionalmente culturais, não existindo sem estar inseridos na cultura, sem uma função simbólica. Lago (1992) considera que a identidade se insere em um processo de construção, consciente e inconsciente, por meio das relações contrastivas e de identificação com os outros, e não algo inato. Por ser a identidade algo instável, passível de contestação, encontra-se sempre incompleta e em permanente processo de significação, reelaboração, demonstrando também com isso, que nós, na condição de pós-modernos, somos possuidores de inúmeras identidades, mesmo porque as identidades são constituídas e atribuídas socialmente.

Fatalmente, o indivíduo está sujeito a pertencimento a diversos grupos com que ele se identifica ou não, mas que fazem parte de sua realidade mais próxima. Alguns deles vão impor uma participação, outros vão impor regras à participação, mas todos terão uma grande importância na formação de identidade desse indivíduo. Os maiores grupos, como os formados por membros da família, escola, ou igreja, clube, tendem a exercer maior influência, mas não determinam escolhas nem personalidade desse sujeito. Ele será responsável pela maior parte de suas escolhas.

Novos grupos se formam por necessidade de expressão ou por rompimento de grupos que se tornaram demasiadamente grandes e complexos. O indivíduo quando imerso em um grupo, uma multidão, vai adquirir hábitos e aprender regras que incorporará como suas, desta forma, tende a perder sua capacidade crítica e ser mais sugestionável e influenciável. Mas seu principal objetivo além da identificação é justamente a busca por aceitação, ainda que transformado e adaptado, mas saber que faz parte e é reconhecido como ele próprio, que existe e interage no mundo. E o mesmo ocorre no campo virtual.

André Lemos (2002) chama atenção para o fato da necessidade de conexão entre esses indivíduos. Segundo ele, o computador pessoal cede lugar ao computador conectado: CP passa a ser CC. Assim, ainda que no silêncio do quarto, quem utiliza o computador não está isolando-se, muito menos se privando de estímulos, pelo contrário, pode estar conectado a muito mais gente ativamente do que em um encontro com outra pessoa. Segundo ele, podemos estar sós sem estarmos isolados.

O computador veio facilitar essas conexões a ponto de possibilitar o pertencimento a grupos globais. Ele é o meio, mas também é a interface. É tendo contato visual, sonoro e tátil com ele, que o indivíduo contata outro, pode interagir com sons e imagens. O computador passou a permitir que alguém estivesse falando e ouvindo em dois lugares ao mesmo tempo. Não alcançou ainda desejos cibernéticos futuristas de poder teletransportar-se, mas saciou a vontade de tantas pessoas que vivem longe de se comunicar de forma instantânea, de escrever um *e-mail* ou MSN e ter a resposta no mesmo momento, de estar longe e ainda poder ver com quem está conversando, onde está e o que está fazendo enquanto fala.

As *webcams* tiveram o papel de não permitir que estejamos mais sozinhos quando permitimos que olhos estranhos nos acompanhem, fazendo com que o estar junto estando longe seja possível. Dessa forma, quando tornamos visível nossa privacidade, tornamos possível a conexão, pois, na realidade, o que buscamos é sobreviver à solidão, ao desencontro e ao isolamento.

Uma forma de compreender esse fenômeno social é exatamente examinando os meios pelos quais as pessoas se comunicam, se conectam e se identificam umas com as outras. Comunicar-se é mais do que conversar, é relacionar-se, conquistar confiança, entender necessidades. A linguagem, por meio das palavras, leva-nos a levantar alguns pontos que colaboram para que relações virtuais aconteçam com sucesso e mesmo tenham algumas vantagens sobre as presenciais, como uma maior desinibição. Sherry Turkle (1995 como citado em Cunha, 2004), psicóloga e socióloga que analisa o impacto das novas tecnologias sobre as pessoas e a construção e desconstrução de identidades no ciberespaço, diz:

> Quando escrevo no computador, tudo isto está presente e meu espaço para pensamento parece ampliado, de alguma forma. A apresentação dinâmica e em camadas me dá a sensação reconfortante de que estou escrevendo um diálogo com o computador. Após alguns anos dessa experiência, um papel em branco me faz sentir estranhamente solitária. (...) Interativo e reativo, o computador oferece a ilusão de companhia, sem as demandas de uma amizade. A pessoa pode ficar solitária sem sentir solidão. (p. 62)

A autora expressa o que muitos usuários de Internet demonstram: os computadores, a possibilidade de interação imediata e mais precisamente, o contato com outras pessoas pela Internet são como uma extensão de seu "eu", refletindo gostos, atitudes e interesses dos usuários. Saber que existem pessoas que têm as mesmas fragilidades que você ou os mesmos gostos e poder encontrá-las pode aproximar indivíduos que vivem a quilômetros de distância. Compartilhar segredos e aventuras com pessoas com as quais nunca tenha se encontrado, mas que conversam constantemente pela Internet, pode alimentar amizades, amores, relações que se sustentam por uma forte razão: a cumplicidade.

Cumplicidade denota confiança. Relacionamentos nascem, sobrevivem e se tornam duradouros, entre outros aspectos, por conta da confiança depositada entre as partes. Sem cumplicidade amigos são menos amigos e casais são menos casais. A cumplicidade pode ser encontrada nas mais diversas relações, e se apresenta diferente para cada um. Alguns têm nos pais aqueles com quem travam uma relação de extrema cumplicidade, outros apenas conseguem construir algo assim com um seleto grupo de amigos próximos, e há ainda aqueles que encontram cumplicidade em estranhos ou quem lhes ofereça atenção e apoio.

Portanto, pensar em cumplicidade é também procurar compreender uma necessidade do homem de comunicação, interação, expressão, catarse e afirmação de estar no mundo. É saber que, por mais introspectivo, fechado e retraído que seja, não vive sozinho e em algum momento buscará contatos com outras pessoas, ainda que rápidos e superficiais. Ainda que algumas relações não cheguem a ser duradouras, elas podem ser permeadas por intensa cumplicidade.

Aline, uma garota portuguesa de dezessete anos, entrou em contato comigo por *e-mail* e me relatou a situação que vivia em casa. Ela, a irmã mais nova e a mãe se sentiam presas e coagidas, pois eram proibidas por seu pai de trabalhar e chegavam a nem ter o que comer alguns dias. Ela contou que seu pai fazia pressão psicológica e não permitia que tivessem lazer, apenas que as filhas frequentassem a escola. Este pai que prendia em casa também não supria com carinho nem lazer, permitindo apenas que ela encontrasse na Internet seu único refúgio, principalmente porque não imaginava as possibilidades da rede.

Aline se correspondeu comigo por algum tempo, no qual me contava acontecimentos em sua casa, suas angústias e desejos e simplesmente desabafava seus medos de adolescente. Penso que só o fato de receber minhas respostas a aliviava por ter com quem conversar e contar suas histórias sem vergonha, preocupação ou justificativa qualquer. Assim como Aline, tenho recebido *e-mails* de outras pessoas que relatam seus problemas familiares e se confortam em manter comunicação, contando-me as novidades e pedindo opiniões.

O simples movimento de escrever a outra pessoa, compartilhando suas angústias, já proporciona um alívio e ajuda o estado de cada um, por internalizar uma busca pela melhora, e também por ser um passo na busca pela felicidade e superação dessa angústia. O fato de escrever e ler o escrito já faz com que a pessoa reflita sobre o próprio problema e por ter a resposta escrita, pode voltar a ela sempre que necessário, e repensar sobre o ocorrido, e quem sabe, encontrar novas respostas e soluções sozinha. Mas, além disso, alguém que procura escrever a outro sobre algum problema, procura conforto e compreensão. Procura uma escuta, na certeza de que em algum lugar está aquele que pode ouvir e oferecer uma palavra ou um reconfortante silêncio, ainda que por um curto momento.

Temos de ter claro que quando pessoas estão interagindo por meio do computador, transferem impressões pessoais aos gestos, palavras e opiniões do Outro, da mesma forma que em uma conversa presencial. Isso porque essa interação é rica em significados e emoções, mas ao lermos uma conversa com alguém temos uma forte tendência a projetar nossas próprias expectativas, desejos, ansiedade e medos naquilo que estamos lendo.

Ou seja, o diálogo chega aos nossos sentidos de acordo com o que inconscientemente escolhemos sentir, ouvir, enxergar. Além disso, a entonação da voz de uma pessoa pode representar um sentimento que não conseguimos sentir quando lemos um texto. Nos relacionamentos virtuais, esse estímulo pode estar presente ou ausente, porém, somos capazes de "criar" essas variações em nossas mentes interpretando o texto de maneira correta ou equivocada. No entanto, apesar disso, uma interação virtual possibilita uma certa proteção para quem deseja expor um problema ou mostrar-se como de fato se enxerga, pois desligando o computador, pode cortar a ligação que já não deseja.

Boa parte dos *e-mails* que recebo me confidencializa histórias relacionadas à sexualidade. Conflitos que marcam vidas e que não permite que pessoas sigam adiante sem uma resolução. São casos de incesto, de não aceitação da condição de homossexual ou de simplesmente não compreensão do porquê do desejo por pessoas do mesmo sexo, casos de assédio sexual no ambiente profissional, de dificuldades para engravidar, e outros problemas de relacionamento conjugal e relatos que envolvem traição.

Mauro e Felipe têm um problema parecido. Eles não se conhecem e entraram em contato comigo em diferentes momentos. Um deles tem um bom emprego, é um jovem querido e respeitado no trabalho e em casa, mas foi criado em uma família de mulheres, muito religiosa, e não consegue aceitar a própria homossexualidade, tendo recorrido a uma terapia presencial. Mas ainda assim, encontrou meu *blog* e entrou em contato comigo, desabafando mais uma vez sobre sua condição de não poder vivenciar essa sexualidade.

O outro, por sua vez, não entende porque sente vontade e desejo de se relacionar com outros homens, já que isto nunca efetivamente aconteceu. Mas seu problema maior é ter um casamento marcado para menos de seis meses e não saber se segue ou não no compromisso com sua noiva já que não se sente seguro a respeito de sua opção sexual. Esses dois jovens compartilham o mesmo problema que muitos outros pelo mundo, ou seja, necessitam viver e expressar sua sexualidade reprimida.

Sinto que muito mais do que oferecer conselhos ou manter um diálogo, fui procurada por *e-mail* para saciar angústias. E uma das formas de minimizar esse sentimento que traz mal-estar é conseguindo se expressar, mostrar o que pensa, sentir que pode contar sobre seus problemas, saber que pode confiar um segredo a Outro. Isto significa que aquele que está do outro lado da máquina ganha um certo *status* de confiável por não poder atingi-lo com um olhar de julgamento ou reprovação, ou por permitir uma expressão livre de medos, pois não tem exigências sobre sua vida e comportamento.

Essa cumplicidade criada entre pessoas que iniciam uma relação já compartilhando detalhes íntimos e importantes da existência geralmente só é passível de acontecer em ambiente virtual. Pois é onde outros com menos receio também expõem sua vida, ou onde se pode encontrar pessoas com os mais variados gostos, de estilos diferentes, com distúrbios ou disfunções sexuais, ou simplesmente com orientação homossexual, que também têm medo e desejo e buscam conforto.

Cumplicidade diz respeito também a encontrar seus pares. Mais do que identidade, chega a ser uma questão de pertencimento não voluntário, como é o caso de homossexuais ou obesos que se sentem cúmplices de outro indivíduo por compartilhar uma única característica não necessariamente escolhida. Desde agosto de 2008, o *blog* Gordinhas Maravilhosas vem acumulando visitas e fãs, que se enxergam nos *posts* e trocam experiências com outras seguidoras, que já contam mais de 5 mil. E este é apenas um dos muitos *blogs* que fazem sucesso entre esse público, muito interessado em moda, estilo e relacionamento, entre outros temas.

As meninas e mulheres que sempre sofreram com a ditadura da magreza imposta pela sociedade em geral, encontraram um meio no qual podem se expressar e dialogar com várias outras que também buscam compartilhar experiências, deixar claro que também podem ser tristes ou felizes com sua condição física, que são consumidoras, vaidosas e se sentem bem em saber que não existe razão para que sejam excluídas ou se sintam diminuídas quando são um extenso grupo com qualidades e defeitos como qualquer outro. Elas, mais que tudo, encontraram nos *blogs* uma rede de outras pessoas que se identificam e são cúmplices em determinados comportamentos, que conseguem compreender seus medos e angústias, ainda que nunca tenham se encontrado pessoalmente e só conversem via *blog*.

Esse é o ponto. A Internet, e principalmente o espaço que ela ofereceu a partir de uma revolução chamada Web 2.0, permitiu que pessoas comuns se expressassem e encontrassem outras as quais não teriam acesso sem esta ferramenta. Chega inclusive a ter um quê de nostalgia nessas relações. É o paradoxo da saudade do passado invadindo a sede pelo futuro. Enquanto nas ruas das grandes cidades as pessoas já não se cumprimentam, na Internet vivem como em uma cidade de interior, onde todos se conhecem e podem visitar eventualmente a casa uns dos outros com naturalidade, para saber as novidades sem tanta formalidade.

Assim, também podem começar novas relações como antigamente poderiam fazer na feira, na escola do filho ou em clubes. Não importa onde esteja o usuário e se ele algum dia encontrará pessoalmente aquele outro com quem compartilha opiniões e aventuras, o fundamental é uma cumplicidade que existe entre eles. Saber que segredos podem ser relatados e, em vez de escutar um julgamento, pode ouvir uma palavra amiga de quem divide os mesmos sentimentos.

A escuta e a disponibilidade são requisitos para que se estabeleça uma relação de cumplicidade. Não se encontra um cúmplice se este não está disponível para interagir ou escutar o que o indivíduo tem a dizer. No entanto, proximidade física, sexo, idade e condição social podem ser ou não apenas detalhes da relação entre duas pessoas que iniciaram um contato *online*. Afinal, as próprias redes sociais dizem respeito a associações que são voluntárias e compreendem a base do desenvolvimento tanto da confiança quanto da reciprocidade.

Em todo caso, é importante salientar que alguns tipos de relação não teriam razão em existir sem a cumplicidade. Entre esses tipos, está a relação entre paciente e terapeuta e a relação contínua entre pessoas que apenas se conhecem virtualmente e que mantêm primeiramente contato pela necessidade de compartilhamento. Se não existe uma cumplicidade presente, essas relações se desfazem ou simplesmente continuam sem muita profundidade. A cumplicidade, esta que presencialmente pode ser demonstrada apenas pelo olhar, quando há distância, necessita também da segurança proporcionada entre as partes para acontecer.

Sentir que pode confiar seus segredos a outro é abrir-se e desnudar-se, mas isto não é fácil e pode ter sérias consequências.

Independente de fazer parte ou não de uma relação terapêutica, cada um tem a possibilidade de encontrar cumplicidade em algumas pessoas pertencentes ao seu meio social, inclusive virtual. Quando em uma relação de amizade ou na própria terapia não existe uma real cumplicidade entre as partes, não existe uma relação que efetivamente funcione.

Mais que isso, um fator primordial em uma relação terapêutica é a questão da transferência, que não deixa de ser baseada também em confiança e cumplicidade. A transferência tem a ver com amor e com a demanda de ser amado, o que é inerente ao ser humano. O fenômeno da transferência foi a chave da invenção do método de tratamento, baseado na conversão e análise, criado por Freud, que investigando os fracassos do caso Anna O. passou a perceber o tumulto de sentimentos que surgiam na relação entre paciente e médico. E foram exatamente o fenômeno espontâneo da transferência e a complexidade desta relação que o levaram a renunciar à hipnose para criar o método psicanalítico. Segundo Maurano (2006):

> O termo alemão Uberträgung além de transferência, significa também transmissão, contágio, tradução, versão e até audição enquanto conceito psicanalítico. O sentido de estabelecimento de um laço afetivo intenso, que se instaura de forma quase automática e independente da realidade, na relação com o médico, revelando o pivô em torno do qual gira a organização subjetiva do paciente. O traço característico consiste na substituição do afeto por uma pessoa importante na vida do sujeito, pela pessoa do médico, que funciona como intérprete disso que está sendo lembrado em ato, ou seja, atuado pelo paciente. (p. 15)

Dessa forma, compreendemos que a cumplicidade faz parte dos sentimentos que sustentam uma relação sadia. Ela é premissa e também consequência de relacionamentos que são alimentados por bons sentimentos e têm possibilidade de seguir. Portanto, a cumplicidade é uma necessidade de quaisquer formas de união entre pessoas e conta como um requisito para que desejem essa união.

Sendo assim, a cumplicidade virtual se trata de um sentimento presente nas relações atuais que utilizam a Internet como meio para se fazerem efetivas, independente de sua duração. A pessoa pode estar mais sozinha, mas isto não significa isolada ou solitária, pois ao mesmo tempo, pertence a uma rede com bilhões de pessoas e está conectada a pessoas em qualquer parte e sabe que aquelas pessoas podem ser seus amigos virtuais, com quem pode compartilhar seus mais íntimos detalhes. São essas pessoas que podem entender melhor, principalmente por viver os mesmos problemas ou estarem dispostas a ouvir umas às outras.

A Internet e a possibilidade terapêutica

A ideia de regulamentar a terapia *online* não diz respeito a uma nova modalidade de psicoterapia, mas de fazer uso de uma nova forma de realizá-la. Kaplan (1997 como citado em Marot, 2003, *online*) a trata de maneira natural, dizendo que ela simplesmente consiste em um tipo de terapia na qual o terapeuta não se encontra no mesmo local que seu paciente, comunicando-se com ele de forma bidirecional, em tempo real, por áudio, audiovisual ou texto, além de poder utilizar meios assíncronos, como o *e-mail*.

Para o Conselho Federal de Psicologia (CFP), a psicoterapia é apenas uma das diversas práticas do psicólogo, sendo um processo científico de compreensão, análise e intervenção realizada por meio da aplicação de métodos e técnicas psicológicas com o objetivo de propiciar ao paciente condições para que ele possa enfrentar seus conflitos e/ou transtornos psíquicos. Mas a Psicologia possui diferentes escolas, como a Behaviorista, a da Psicanálise e a da Gestalt, que por sua vez têm abordagens, linhas de pensamento, modelos científicos, filosóficos, teóricos e metodológicos diferentes.

O Conselho de Psicologia define o serviço prestado pelo psicólogo, independente de qual escola pertença, como profissional e sujeito à legislação vigente no Brasil e às suas resoluções. Portanto, O. Z. Prado (2002) considera que por mais distintas que sejam estas escolas, um ponto fundamental é o que elas têm em comum: a relação terapêutica está presente em todas as abordagens de psicoterapia existentes, ainda que analisada e entendida de maneiras distintas. Sendo assim, quando pensamos em atendimento mediado pela Internet, e para que esta prática seja efetivamente reconhecida como psicoterapia, deve-se descobrir se existe esta condição de propiciar a formação de uma relação terapêutica sem o vínculo presencial, considerando o uso de procedimentos terapêuticos a distância.

Quando surgiu o atendimento psicológico mediado por computador, muitos psicólogos desconfiaram e resistiram, considerando algo demasiadamente frio, com margem a maus profissionais e charlatões, já que não existiria um real contato entre paciente e terapeuta. Alguns chamaram de "psicologia de revista", em uma referência às colunas de psicólogos que recebem cartas com dúvidas e tecem comentários em publicações, dividindo um problema específico para que outros que vivam um problema parecido, também sejam beneficiados.

Ou seja, essas respostas têm muito mais um cunho educativo do que terapêutico e, dessa forma, muitas revistas e programas de televisão tendem a responder questões íntimas de forma generalizadas para que a maior quantidade de pessoas tire proveito daquele ensinamento. Mas em um processo terapêutico e individual, isso realmente não funcionaria muito além do que seria receber um simples conselho de amigo mais experiente.

Mas muito antes que o atendimento via computador começasse a chegar ao conhecimento geral de usuários da rede, pesquisas já eram realizadas nos Estados Unidos, no intuito de poder compreender melhor as diferenças em submeter um indivíduo a uma terapia convencional, presencial, e mediada por uma máquina. Em 1966, Joseph Weizenbaum, desenvolveu no *Massachusetts Institute of Tecnology* (MIT), o ELIZA, um programa que simulava uma terapia, em que o paciente falava, em formato de texto, como se estivesse falando com seu terapeuta.

Esse sistema inteligente se baseava na técnica rogeriana[4] de devolver ao paciente aquilo dito por ele mesmo. O intuito era estudar a linguagem natural nos computadores, mas acabou sendo abandonado por seu autor, por perceber que seu uso já estava sendo feito também para terapia. Com esse programa, Weizenbaum foi pioneiro em uma era na qual fatalmente se dariam rápidas mudanças neste sentido, com aprimoramentos e avanços contínuos no que diz respeito à máquina, mas ainda uma incógnita no que diz respeito ao homem.

De lá para cá, outros programas foram desenvolvidos e passaram a ser usados por equipes multidisciplinares, principalmente a partir da década de 1990, para auxiliar no acompanhamento clínico e coleta de dados, no diagnóstico e como autoajuda. Não apenas programas específicos, mas o próprio uso do computador e de novas ferramentas que não param de surgir foi possibilitando que os próprios psicólogos enxergassem novas maneiras de atender seus pacientes, como usar mensageiros *online* e *webcam*.

---

[4] Referente a Carl Rogers, psicólogo estadunidense, criador da Abordagem Centrada na Pessoa (ACP).

Prado (2002) nos conta ainda que algumas pesquisas seguiram sendo realizadas, principalmente em ambiente acadêmico. Barak e Wander-Schwartz (1999) conduziram uma delas, que comparava um grupo de terapia via *chat*, outro padrão e outro controle não tratado. Para o primeiro foi desenvolvido um programa que permitia a interação entre o grupo e o terapeuta. Os membros deveriam estar sozinhos no momento da sessão e preencheram questionários no início e no fim do experimento. Os autores relataram perceber espontaneidade por conta do anonimato dos membros e da própria dinâmica do *chat*, no entanto, afirmaram não haver encontrado diferença significativa entre a terapia realizada com os grupos. O grupo controle permaneceu inalterado.

A pesquisa realizada por Cook e Doyle (2002 como citado em Marot, 2003, *online*) vem justamente no sentido de verificar se a aliança estabelecida entre cliente e terapeuta pela Internet era equivalente à estabelecida na terapia presencial. Foi desenvolvido um inventário para avaliar o vínculo estabelecido entre cliente e terapeuta, e segundo a análise dos autores, em ambos os meios, os clientes conseguiam transmitir suas queixas e problemas. Dessa forma, os resultados mostraram não haver diferenças nas médias dos dois grupos, evidenciando que a aliança na terapia *online* poderia sim ser constituída com a mesma qualidade que na terapia convencional. Os autores ainda alertam para uma maior desinibição dos participantes pela Internet.

Quando os próprios usuários passaram a ter mais domínio de uso e possibilidades na Internet, começaram a criar comunidades e grupos de discussão com a finalidade de autoajuda, desabafo e busca por suporte, mas geralmente sem a mediação de um profissional da área, o que tende a ser perigoso, por imperar o senso comum e muitos participantes acabarem divulgando informações falsas ou imprecisas sobre tratamentos e terapias ou visões preconceituosas e pessimistas sobre transtornos mentais. Alguns psicólogos começaram a se familiarizar e tirar proveito deste meio que atraia muita gente buscando ajuda. Com isso, o Conselho Federal de Psicologia buscou uma resolução que reconhece o serviço prestado, mas não aceita que estes sejam terapêuticos, mas apenas de informação e orientação.

Ainda segundo Marot (2003), em 2002, Christiensen, Griffiths e Korten desenvolveram uma intervenção terapêutica na Internet, de base cognitivo-comportamental, planejada para tratar e prevenir depressão em jovens. A pesquisa teve 2.909 pessoas inscritas e a eficácia dessa intervenção foi testada ao longo de seis meses, por meio da resposta a uma escala de avaliação de ansiedade e outra de depressão, aplicadas no início do processo e outras cinco vezes ao longo do processo. Ao final dos seis meses de estudo, 1.503 participantes completaram a avaliação e foi constatada uma redução significativa nos escores de depressão e de ansiedade, fazendo com que os autores concluíssem que a Internet é um meio promissor para o tratamento preventivo da depressão, com base nessa linha terapêutica.

Em sua dissertação de mestrado, Prado (2002) relata detalhes do experimento que foi realizado para comparar atendimento presencial e via Internet. Para tanto, foi desenvolvido um sistema de inscrição para psicoterapia breve, realizada de forma assíncrona, no qual a relação terapêutica seria avaliada pelo método Working Alliance Inventory (WAI). Essa relação terapêutica apresentou resultados semelhantes aos descritos na literatura sobre a psicoterapia presencial, e os participantes (clientes/pacientes e psicólogos) inscritos eram experientes no uso de computadores.

Na visão do autor, o experimento superou as expectativas no que diz respeito a números de inscritos e terapias realizadas via Internet, sendo quatro vezes mais do que havia previsto. Encontrou também pontos positivos como maior facilidade em coletar dados e a possibilidade da formação de relação terapêutica, tendo sido esta via bem aceita entre os participantes e tendo-se mostrado uma alternativa válida e promissora. No entanto, Prado (2002) ressalta a importância e a necessidade de mais estudos conclusivos sobre o tema.

Avaliando estas pesquisas, entre outras realizadas, podemos perceber que elas utilizaram a abordagem cognitivo-comportamental, o que podemos entender como um indício de que particularmente esse tipo de abordagem apresente características apropriadas à realização da psicoterapia *online*. Sendo assim, alguns estudos vêm avançando ao longo dos anos, mas novas pesquisas ainda precisam ser feitas e novas resoluções desenvolvidas a partir de resultados satisfatórios.

Bem como os pesquisadores, muitos outros profissionais se tornaram curiosos e passaram a analisar melhor essa possibilidade de encontrar na Internet uma alternativa útil para chegar ao Outro. Todos estes encontraram e ainda encontrarão aspectos negativos e positivos sobre a prática. Sobre visões otimistas e pessimistas a respeito da Internet, a pesquisadora Sueli Fragoso (2009 como publicado em Recuero, 2009) acredita que:

> (...) as duas posturas desvinculam a Internet da realidade social que a circunda e, com isso, esquecem que as tecnologias são artefatos culturais. Por um lado, todas as tecnologias de que dispomos, as de comunicação digital inclusive, são produtos de nossas próprias intenções e propósitos. Por outro, o modo como nos apropriamos delas reinventam constantemente suas características. (pp. 12-3)

Sendo assim, apesar de desvantagens do atendimento mediado por computador, como a fria distância, a tendência a substituir emoção por razão e, quando a mensagem não é respondida imediatamente, haver um esfriamento do discurso e do sentimento, algumas vantagens são proeminentes. Uma delas é a possibilidade de deficientes físicos, idosos e pessoas que vivem em locais muito distantes fazerem uma terapia com um bom profissional sem o esforço de locomoção. É possível também que pessoas encontrem outras de localidades distantes que compartilhem dos mesmos problemas e, de forma barata, possam interagir.

Podemos citar também o fato de indivíduos com pouco espaço livre na agenda ou dificuldade de encontrar um tempo adequado ao do terapeuta poderem relatar por *e-mail* seus problemas em horário mais conveniente e serem respondidos posteriormente. Essa forma de atendimento assíncrona por vezes consegue evitar que o discurso do paciente seja fragmentado, podendo haver ou não interrupções do ambiente que o paciente se encontra, como por exemplo ao final de uma sessão em um *setting* clínico. Um aspecto positivo da comunicação via texto é ainda a possibilidade de gravar o diálogo/mensagem e poder analisar mais a fundo posteriormente. Miller & Gergen, 1998, Murphy & Mitchel, 1998, Sampson et al, 1997 (como citado em Prado, 2002, p. 5) consideram ainda uma vantagem para a supervisão, levando em consideração que o supervisor pode ler a mensagem do terapeuta antes que seja enviada ao grupo.

Os mesmos autores também levam em conta a vantagem de o paciente enviar ao terapeuta mensagens no momento em que surge o sentimento de angústia, sem a necessidade de esperar pela próxima sessão. Para eles, outro fator positivo é a ausência de marcas sociais, que na terapia presencial pode aflorar preconceitos existentes e influenciar no processo terapêutico. Por conta disso, o paciente também tende a ser mais espontâneo, protegido por um certo anonimato, com menos receio em ser julgado negativamente.

A terapia mediada pela Internet também pode ser pensada como uma alternativa para quem não tem acesso a profissionais reconhecidos no local onde está vivendo, ou mesmo para uma possibilidade de remoção da cidade onde trabalha como possibilidade a uma continuidade na terapia. Eu mesma já passei pelo processo de estar muito bem em início de processo psicoterapêutico, com uma relação transferencial bem estabelecida e sofrer com a mudança de cidade repentina do profissional com quem eu fazia análise. E, sem dúvida, uma alternativa *online*, ainda que temporária, teria sido bastante benéfica neste caso.

Devemos ter em mente que mudanças são possíveis e passíveis de acontecer. Terapias devem estar alinhadas com as necessidades do indivíduo e também com as mudanças no comportamento das novas gerações. É imprescindível compreender que o mundo não é estático e que as pessoas vão modificando-o e sendo modificadas por ele. A aliança de trabalho é um ponto fundamental e esta pode ocorrer de várias formas, inclusive por meio eletrônico, principalmente dentro de um pequeno grupo de indivíduos que têm facilidade na expressão escrita e habilidades com computadores. Para estes, a Internet se mostra uma promissora via para terapia e deve ser mais bem explorada.

Um ponto interessante é levantado pela psicóloga da PUC São Paulo, Maluh Duprat (2007) no capítulo "Ato psicológico", do livro *Relacionamentos na era digital*: enquanto o paciente chega ao consultório levando uma questão que ainda não é muito clara e ao longo das sessões o que realmente o levou ali vai se desmascarando, acontece diferente em um atendimento via *e-mail*. Para escrever o *e-mail*, o paciente antes precisa pensar e organizar suas ideias, ser objetivo ao expor seu problema, pois geralmente não fica divagando acerca de vários temas em um único *e-mail*. É necessária, portanto, uma reflexão prévia e que o conteúdo seja o mais claro possível para que o leitor, no caso o psicólogo, possa compreender e não ficar devolvendo o *e-mail* repleto de dúvidas sobre o exposto.

Para ela, "na hora em que ele se torna capaz de reconhecer, admitir e expressar ao outro e a si próprio o que o angustia, o problema ganha uma nova dimensão. Projeta-se para além do indivíduo, colocando-se diante dele". Ela acredita que lendo o próprio texto ele poderá se enxergar de forma diferente e ser ao mesmo tempo sujeito e objeto. A psicóloga entende ainda que "a força que o aproxima de seu problema é a mesma que vai distanciá-lo, pois a nova imagem que forma de si é que passa a seduzi-lo (...) quando se torna capaz de definir sua questão, de transformar em verbo seus fantasmas, quando a queixa enfim, materializa-se, de certa forma também se dilui".

Mas aspectos negativos também permeiam a terapia mediada por computador. O fato de não existir ainda no Brasil uma legislação específica que trate desse tipo de terapia nem que a considere psicoterapia é um reflexo do caminho que ainda precisa ser traçado para que muitos psicólogos e não psicólogos se convençam de que esta pode ser uma terapia benéfica se lhe concederem crédito, pois apresenta aspectos positivos e negativos, maus e bons profissionais dispostos a utilizá-la, como qualquer outra forma terapêutica.

A maior dificuldade em se aproximar efetivamente do paciente, sentindo como ele seria presencialmente é apontada por alguns profissionais como um dos fatores mais negativos da terapia *online*. Da mesma forma, o paciente também terá maior dificuldade em verificar o profissionalismo do terapeuta. No entanto, estes são aspectos que também podem fazer parte de uma terapia presencial, ainda que em menor grau. Em caso de terapeuta de outra localidade, um vácuo cultural pode estar presente na relação entre ele e o paciente e influenciar em diagnósticos e interpretações equivocadas.

Marot (2003) trás uma questão ética importante. Afinal, qual legislação deve incidir sobre os usuários da terapia *online*? Para o mundo virtual, um brasileiro residente em outro país necessariamente vive sob as leis daquele território no qual se encontra, mas supondo que ele faça terapia com um psicólogo de dupla nacionalidade que resida em um país diferente do seu e ainda utilize um servidor localizado em outro país teríamos então um impasse no momento de decidir qual legislação deve vigorar.

Um outro aspecto a ser analisado é o fato de em uma comunicação assíncrona, o cliente ter a sensação de não se sentir em tratamento, já que a terapia não tem um horário definido, podendo, desta forma, prejudicar o rendimento terapêutico. O senso de compromisso por parte do terapeuta também pode ser prejudicado quando da inexistência de um horário predeterminado, permitindo que as mensagens sejam relegadas às sobras de tempo do profissional, reduzindo, desse modo, o tempo total de terapia ou deixando que um momento essencial na vida do paciente coincida com um momento livre qualquer da vida do terapeuta.

Como este, muitos outros problemas também podem ocorrer de forma parecida na terapia presencial de acordo com o profissionalismo e a ética do psicólogo, mas vale à pena a discussão e análise. Alguns outros fatores negativos de uma possível psicoterapia *online* rapidamente vêm perdendo força pelo surgimento de novas tecnologias e a familiaridade de mais pessoas com esses recursos.

Como hoje muitos usuários já podem ter acesso a *webcam*, a falta de uma comunicação visual entre paciente e terapeuta pode ser facilmente remediada, mas no que diz respeito a mensagens por escrito ainda existe uma grande possibilidade de desentendimento do que está sendo dito, até mesmo com relação ao estado de espírito de quem escreve e maneira que está acostumado a escrever, pois quem está lendo não percebe as entonações presentes na tentativa de expressão do Outro.

Atualmente, encontramos facilmente cursos, consultorias e terapias *online*. Alguns desses serviços são de profissionais autônomos que montam seu próprio *site*, mas existem *sites* de instituições que mantêm serviços de orientação pela Internet, como o serviço de atendimento via *e-mail* do Núcleo de Pesquisa da Psicologia em Informática (NPPI), da PUC de São Paulo, realizado na Clínica Ana Maria Poppovic. Os psicólogos estão cada vez mais se familiarizando com as ferramentas *online* para uso dentro da profissão, mas ainda muitas barreiras, principalmente de preconceitos, precisam ser derrubadas.

No próprio *site* do Conselho Federal de Psicologia, abriu-se um espaço para bate-papo com convidados, onde as pessoas podem entrar na discussão, permitindo a professores, profissionais e estudantes interagirem e aprenderem mais com esse intercâmbio de conhecimento. Nessa mesma linha, grupos de discussão *online* servem de ferramenta para que usuários em todo o mundo possam tirar dúvidas, expressar opiniões e contribuir para uma Psicologia mais discutida, formulada, ética e bem trabalhada, em qualquer espaço que se venha a permitir ajudar o Outro. Assim, Takase comenta sobre a possibilidade de em um futuro próximo congressos e encontros de Psicologia serem realizados por meio da Internet.

A terapia via Internet vem recebendo diversas denominações, entre elas terapia *online, psyberterapia, psyberatendimento, cyberpsicoterapia, e-terapia, webpsicoterapia* etc. E se hoje a discussão não é mais se é possível ou não, mas em como pensar uma melhor forma de realizar uma terapia *online* é um reflexo de como o uso da Internet vêm sendo acessível a muitos e os estudos e discussões sobre o tema vêm avançando bastante. Mas o que ainda encontramos são dúvidas e incertezas sobre a efetividade e eficácia de uma psicoterapia mediada por computadores.

As razões pelas quais muitas pessoas buscam um serviço de um terapeuta pela Internet podem ser várias, mas sem dúvida a facilidade e comodidade estão entre as que mais contam na hora de pensar nesta como uma opção. Sentimento de maior liberdade de expressão, necessidade extrema de sigilo também são motivos que têm levado pacientes em todo o mundo a buscar orientação psicológica por meio de bate-papos virtuais, Skype ou *e-mail*.

Entretanto, no Brasil, o CFP autoriza somente a orientação psicológica. Resolver uma questão pontual com a ajuda do *e-mail* é aceito pelo conselho, mas fazer um tratamento é considerado um risco, já que o paciente pode apresentar comportamentos considerados dificilmente contornáveis e manejados por um terapeuta que se encontra em outra localidade. Isto porque enquanto a terapia em geral não possui um tempo determinado entre início e fim e trabalha diversas questões relacionadas à vida do paciente, inclusive permite que este entre em contato com angústias para as quais necessita de um apoio para suportá-las, a orientação procura resolver problemas pontuais, como a escolha da profissão ou dificuldades sexuais ou de relacionamento.

Assim, a psicoterapia consiste em um procedimento de grande responsabilidade, pois incide diretamente sobre o bem-estar individual. Por isso, ainda se fazem necessárias pesquisas que comprovem que haverá ganho para os pacientes em terapia *online* e que não sejam cobaias a enfrentar consequências de uma terapia feita sem a responsabilidade de dados concretos de estudos realizados no Brasil, pois benefícios relatados a pacientes na China ou Estados Unidos (país em que a psicoterapia pela Internet já é regulamentada desde 2002) não significam obrigatoriamente os mesmos benefícios a um brasileiro. Dessa forma, a psicoterapia pela Internet é autorizada para a realização de pesquisas, sendo preciso que o pesquisador registre seu projeto no Conselho Nacional de Saúde, sujeito à aprovação.

O Conselho Federal de Psicologia, com base nas premissas do Código de Ética Profissional do Psicólogo, de 2005, considera, entre outros pontos que "os efeitos do atendimento psicoterapêutico mediado pelo computador ainda não são suficientemente conhecidos nem comprovados cientificamente e podem trazer riscos aos usuários". Sendo assim, esse mesmo conselho entende, na Resolução 012, editada em 18 de agosto de 2005, que como o atendimento psicoterapêutico mediado pelo computador ainda não é uma prática reconhecida pela Psicologia, pode ser utilizado em caráter experimental, com a condição de seguir algumas regras estabelecidas.

Além de fazer parte de projeto de pesquisa devidamente aprovado pelo Comitê de Ética em pesquisa reconhecido pelo Conselho Nacional de Saúde, conforme Resolução CNS n. 196 (1996), o psicólogo pesquisador não deve receber qualquer quantia daqueles que estão sendo pesquisados e nem deve também haver remuneração ao usuário pesquisado. O usuário atendido na pesquisa deve declarar seu consentimento e ter conhecimento do caráter experimental do atendimento psicoterapêutico mediado pelo computador, estando ciente dos riscos relativos à privacidade das comunicações.

Segundo a Resolução CFP n. 012 (2005), com relação aos dados colhidos na pesquisa, o usuário deve ter o direito de desistir de participar da pesquisa, a qualquer momento, impedindo a utilização de seus dados. Regras de sigilo da identidade dos envolvidos devem ser mantidas quando da publicação de resultados da pesquisa, além de todo o cuidado para a não interceptação de mensagens com dados pessoais. E caso ocorra alguma violação de segurança que comprometa a confidencialidade dos dados, o psicólogo pesquisador deverá informar a todos os usuários envolvidos na pesquisa.

Sendo assim, o psicólogo responsável pela pesquisa deve estar regularmente inscrito em Conselho Regional de Psicologia e providenciar um requerimento a este, pelo *site* www.cfp.org.br/selo, com protocolo detalhado sobre a pesquisa em formato-padrão recomendado pelo Conselho Federal de Psicologia e pela Resolução 196 (1996) do Conselho Nacional de Saúde. Após analisado, e caso constatada a regularidade da pesquisa, será concedida a certificação eletrônica. O CFP considera que o "Sistema Conselhos de Psicologia deve continuar e aprimorar a validação de *sites* que possam prestar serviços psicológicos pela Internet, de acordo com a legislação vigente, ainda que em nível de pesquisa".

O CFP, entretanto, reconhece alguns serviços via Internet, desde que sigam algumas condições, como a identificação do psicólogo por meio de credencial de autenticação eletrônica visualizada no formato de selo *hiperlinkado*, desenvolvido pelo Conselho Federal de Psicologia, contendo prazo de validade e remetendo à página do Conselho. Nesses casos, os psicólogos têm direito à cobrança pelos serviços prestados, desde que respeitem o Art. 20 do Código de Ética do Psicólogo que veda a utilização do preço como forma de propaganda. De acordo com o artigo 6º da Resolução 012 (2005) do CFP:

> São reconhecidos os serviços psicológicos mediados por computador, desde que não psicoterapêuticos, tais como orientação psicológica e afetivo-sexual, orientação profissional, orientação de aprendizagem e Psicologia escolar, orientação ergonômica, consultorias a empresas, reabilitação cognitiva, ideomotora e

comunicativa, processos prévios de seleção de pessoal, utilização de testes psicológicos informatizados com avaliação favorável de acordo com Resolução CFP N° 002/03, utilização de *softwares* informativos e educativos com resposta automatizada, e outros, desde que pontuais e informativos e que não firam o disposto no Código de Ética Profissional do Psicólogo e nesta Resolução. (*online*)

Grupos de profissionais e acadêmicos que estudam sobre o assunto procuram definir as diferenças entre a orientação psicológica e a psicoterapia e defendem que, ainda que a psicoterapia via Internet seja aprovada no Brasil, novas técnicas e formas de trabalho, diferentes da maneira como a psicoterapia convencional é conduzida hoje, deverão ser desenvolvidas. Como explica a coordenadora do Núcleo de Pesquisas da Psicologia em Informática da PUC de São Paulo, Rosa Farah (2009) ao *site* da *Folha de São Paulo*:

> Existe uma tendência mundial de que a tecnologia seja usada de formas úteis e criativas. Acredito que seja preciso criar novas formas de intervenções terapêuticas – um método de trabalho de caráter terapêutico diferente da psicoterapia como conhecemos hoje. Não é apenas transpor a terapia convencional para a Internet, mas sim estudar como seria a terapia mediada por essa via. (*online*)

Pensando nisso, ainda há carência de mais pesquisas e profissionais que estejam dedicados a demonstrar resultados de que a terapia *online* pode ser utilizada no Brasil com mais responsabilidade e com tantos benefícios quanto uma terapia presencial. Portanto, autorizá-la sem mais estudos significaria equiparar as duas irresponsavelmente, mas impedi-la também dificulta o acesso ao tratamento psicoterápico de quem o necessita para o restabelecimento de sua saúde mental, como pessoas de localidades onde não há psicólogos ou aquelas com dificuldades de locomoção.

Post 4. A interação - usos da web engrandecidos pela 2.0

Enquanto os adultos entram em pânico, os adolescentes estão aprendendo. Eles sabem que o mundo público está radicalmente sendo reestruturado e eles estão desenvolvendo mecanismos de enfrentamento. Hoje, enquanto engenheiros estudam e trabalham por novos avanços tecnológicos, outros pesquisadores trabalham por avanços sociais com o uso dos computadores e um precisa do outro. (BOYD, 2008b, *online*)

Fazer parte das redes sociais. Investir em publicidade *online*. Monitorar as mídias sociais. Usar a Internet nos negócios não é mais uma questão de escolha, mas de sobrevivência. As empresas já não querem ficar de fora do que parece ser a maior revolução nos meios de comunicação e formas de interagir com o consumidor, de todos os tempos. Os indivíduos também se comportam de forma parecida. Fazem perfis nas redes em que seus amigos estão participando, acreditam que não devem se excluir das redes profissionais ou deixar de postar temas interessantes e fazer mais contatos/amigos nessas redes.

Mas fato é que muitos desses usuários e empresas ingressam no mundo do relacionamento virtual sem saber muito bem o que vão encontrar e como devem agir, e vão aprendendo à medida que as utilizam. Para os usuários, isto em geral não é um problema, principalmente porque muitos destes são jovens descobrindo ferramentas que podem ser úteis aos seus relacionamentos e entretenimento. Já as empresas têm a grande preocupação de gerar lucro, ainda que para atingir esta meta, ingressem com o objetivo primeiro de conhecer melhor com quem devem se relacionar e se aproximar destas pessoas, mas o intuito final continua sendo o mesmo de capitalizar essa ação.

A verdade é que poucas empresas aproveitam com eficiência a Internet em seus negócios, apesar de no Brasil, ainda em 2010, já termos passado de 60 milhões de consumidores que usam a rede. A estratégia de aproximação dessas empresas pode nem ter sido escolhida ou não ser a melhor, mas sem dúvida quem tem consciência que não deve ficar de fora das redes sociais está no caminho certo para compreendê-las melhor. Pois o que não se pode hoje em dia é ignorar a força que estas redes têm na vida de bilhões de pessoas e o quanto isso também representa dinheiro para empresas que pretendem atingi-las.

Erik Qualman, autor do *best seller Socialnomics: how social media transforms the way we live and do business* [*Socialnomics*: como as mídias sociais transformam a forma como vivemos e fazemos negócio], traz uma série de pontos a serem discutidos sobre as redes sociais. *Socialnomics* é o termo criado pelo autor para descrever a economia na era das redes sociais digitais, quando os consumidores e seus grupos *online* têm uma grande influência na economia e nos negócios. Nos vídeos em que expõe seu ponto de vista, ele guia as informações em busca de uma resposta ao questionamento sobre se as mídias sociais são apenas uma moda ou a maior mudança desde a revolução industrial.

O vídeo, reproduzido em 2010, mostra uma série de estatísticas sobre o crescente uso das redes sociais, principalmente por jovens da geração Y. De acordo com Qualman, as redes sociais já chegaram mesmo a ultrapassar a pornografia como atividade número um na *web*. Ele faz uma interessante comparação para demonstrar o ritmo das mudanças pelas quais estamos passando, mostrando a quantidade de anos que os meios de comunicação levaram para atingir 50 milhões de pessoas. Enquanto o rádio demorou 38 anos e a televisão, treze, a Internet levou apenas quatro e o Facebook atingiu mais de 200 milhões de usuários em menos de um ano.

Esses dados demonstram claramente o quanto o poder das redes sociais e da interligação entre as pessoas gera uma economia que há poucos anos não era imaginada. O valor não vem mais da posse da informação, mas de seu compartilhamento. É o valor de troca e não de uso que impera. Por isso, tornar público um conhecimento torna muitos simples usuários formadores de opinião, principalmente pela identificação e curiosidade com relação ao tema oferecido. Seguindo essa premissa, as organizações se preocupam em se fazer presentes na vida dos consumidores, oferecendo informação, mas deixando claro que também são receptivos a um *feedback* desses usuários, pois isso complementa e enriquece a empresa.

A partir disso, fica fácil concluirmos que, hoje, a melhor forma de uma marca ter sucesso nas redes sociais é interagir com o público e, além disso, um diálogo só deve ser estabelecido após se conhecer bem o consumidor. Sendo assim, para se atingir o alvo, não basta fazer parte da rede e estar perto das pessoas, pois os indivíduos possuem perfis diferentes para utilizar diferentes ferramentas na Internet. Elas sabem que no mundo virtual também há regras e que o comportamento muda de acordo com o que desejam, em que "lugar virtual" se encontram e com quem estão se relacionando. Por isso, saber a linguagem mais apropriada para conversar com esse usuário é fundamental.

Esta é uma das razões pela qual alguns *blogs* acabam atingindo e tendo uma maior penetração em determinados grupos do que os próprios meios oficiais e *sites* de veículos de comunicação reconhecidos. Portanto, é necessário investigar se uma camada mais jovem da população é leitora deste ou daquele *blog* ou alguns nichos ou outros grupos são mais propensos a utilizar redes sociais de acordo com a idade ou profissão, ou se geralmente estão mais inseridos em redes como Facebook ou Orkut. Faz-se necessária uma pesquisa mais a fundo antes de investir no caminho de conquistar todo mundo pela rede, pois isso não será possível abordando apenas alguns poucos canais.

Afinal, a mudança da Internet não foi apenas de tecnologia, mas de paradigma. A informação se fragmenta entre vários emissores e agora é o consumidor quem decide. Não há mais divisão entre produtor e consumidor. Não há mais distinção entre informação, entretenimento e relacionamento. A Internet parece inclusive contribuir para que crianças tenham cada vez mais poder de decisão, pois têm cada vez mais conhecimento para isso. E a consequência disso tudo é um emaranhado de novos conceitos e possibilidades que servem de suporte para que se atinja o sucesso mais facilmente, o que acaba atrapalhando a maioria daqueles que não conseguem eleger o melhor caminho a seguir, montando-se um paradoxo desleal.

Mas hoje se fala tanto nas redes e suas possibilidades como a galinha dos ovos de ouro, que também novos empreendedores vêem nestas uma grande oportunidade e buscam formas de investir em novos negócios. Quem não conhece alguém que já cogitou começar um negócio que tivesse algum pilar *online*? No mínimo um *site* sempre é pensado por quem planeja iniciar um negócio, principalmente se esta pessoa faz parte das gerações Y e Z (aqueles considerados nativos digitais).

Na conferência da Web 2.0 de outubro de 2005, o fundador do Excite, Joe Kraus, afirmou que este é um grande momento para se tornar empreendedor, porque isso nunca foi tão barato. O Excite, que foi um dos primeiros portais da Internet, custou apenas no período entre a ideia do negócio e seu lançamento, 3 milhões de dólares, enquanto sua nova empresa, a JotSpot, teve um custo de apenas 100 mil dólares. Segundo o empresário, isso se deve a alguns fatores, como material mais barato, programas gratuitos, farta mão de obra barata e o *marketing* de buscadores em escala global e a bom preço.

Alguns dos aspectos de desenvolvimento mais interessantes da Web 2.0 são justamente a consequência dos efeitos de rede, que possibilita que os próprios internautas realizem boa parte das atividades nela, aproveitando-se de sua dimensão colaborativa e interativa. Para Pisani e Piotet (2010), passaremos de "conectados" a uma era de "sempre conectados", de vários aparelhos e com maior velocidade. Os autores reportam seis elementos como fundamentais para exemplificar esse desenvolvimento.

Esses elementos são: a *plataforma*, ou seja, a *web* se torna uma plataforma na qual se pode fazer "quase" tudo, como compartilhar documentos, realizar transações bancárias etc.; a capacidade de *receber/publicar/modificar*, que os usuários têm, já que a plataforma permite interações entre usuários; a banda larga, que permite que os usuários estejam sempre conectados, com mais possibilidades de rapidez e usufruindo cada vez mais das redes móveis; as *contribuições*, já que, segundo ele, a banda larga as incentiva e facilita modificações na plataforma; o *efeito de rede*, que possibilita o desenvolvimento de novos negócios, modificando também a natureza do conhecimento, dando vazão a formas emergentes de inteligência coletiva; por fim, a *cauda longa*, que proporciona oportunidades principalmente aos mercados de nicho, abrindo caminho a uma economia de diversidade e abundância.

Que a Internet é poderosa, tem imensas qualidades e continuará passando por constantes transformações, ninguém duvida. Mas também não podemos tomá-la como uma entidade na qual as coisas acontecem e tudo é possível. Nada acontece de fato nela se não forem as pessoas trabalhando para isso. *Sites* e *softwares* são desenvolvidos todos os dias e são eles quem nos oferecem novas ferramentas, é claro, possibilitadas pelo espaço de alojamento que são os grandes servidores e espaço de interação com os usuários, que é a própria rede.

Mas essas transformações que vêm acontecendo principalmente com o uso da Internet devem também ser analisadas no âmbito de demanda das pessoas (inclusive aquelas que não têm muita familiaridade com computadores), que demonstram o quanto estão mudando os hábitos da sociedade que não podem ser totalmente relacionados à Internet e às novas tecnologias, mas que em alguns aspectos permitiram que novas formas de expressão ocorressem.

Afinal, os serviços oferecidos em portais e *sites* na *web* não surgem do além, eles são frutos de pesquisas e de ideias surgidas após longas horas de estudos para suprir demandas verificadas em usuários ou, no caso de programadores ou empreendedores virtuais, em suas próprias necessidades e curiosidades. Para a maioria das pessoas que acessa a Internet, as novidades vêm em ritmo tão frenético que não se acompanha uma percentagem mínima do que está disponível, mas para quem avalia o comportamento de superusuários e principalmente os mais jovens, que serão os superusuários do futuro, percebe pontos em que existe uma necessidade ainda não suprida. E é justo nestes pontos que novos empreendimentos devem focar.

As possibilidades na *web* ainda são inúmeras e é provável que nos últimos tempos e com o sucesso de *sites* que valem bilhões nas inacreditáveis negociações do Vale do Silício, uma nova onda de superentusiasmo ainda continue surgindo. Com isso, provavelmente muitos vão se perder pelo caminho e muito investimento em cópias de casos de sucesso será em vão. Segundo Torres (2009), no Brasil, a parcela da população que tem acesso à Internet cresce e as tecnologias chegam com espaço de tempo menor. Os brasileiros internautas já representam mais da metade da classe C, cerca de 80% da classe B e quase a totalidade da classe A, e passam três vezes mais tempo usando a Internet do que vendo televisão. E hoje, já nem podemos mais dizer que estão diante do computador, pois podem estar acessando de seus celulares ou Ipads.

Pisani e Piotet (2010) lembram um fator decisivo dessas mudanças e que são consequências de demandas dos usuários. Eles citam a evolução dos *sites*, que a princípio eram estáticos, ou seja, raramente eram modificados, pois apenas sofriam alterações realizadas pela intervenção de seus administradores. Em seguida, uma segunda geração mais dinâmica tomou lugar, mais rápida e rica, com *sites* cujo conteúdo muda de forma automática, interagindo com algoritmos e usuários. Agora, enfim, vemos uma terceira geração de *sites*, como YouTube, Flickr, MySpace, que são na verdade plataformas que propõem dados e serviços e são construídos diariamente pelos próprios usuários.

Dessa forma, trazer o público, ou seja, as massas, a uma participação é muitas vezes a saída para manter um negócio. Os meios de comunicação de massa (MCM), que têm no jornal impresso o seu modelo mais antigo, com mais de quatrocentos anos, viram a necessidade de desenvolver e refinar muitos de seus processos de produção de notícias ao longo dos tempos. As teorias sobre os processos de comunicação de massa em certo grau dependem da observação de como esses processos se comportaram e se adaptaram às mudanças culturais e inovações tecnológicas.

Este modelo midiático estruturou uma forma de relacionamento, no que diz respeito à interação, que acabou sedimentando por muito tempo uma forma de relacionamento entre a mídia e sua audiência, já que não havia a necessidade de considerar o retorno desta para a remodelação do conteúdo. Assim, a transmissão da informação de um emissor para muitos continuava seguindo o modelo clássico emissor a receptor sem se preocupar em quem seria esse receptor.

Se antes bastava que o retorno fosse considerado por meio de sistemas baseados em números frios, como a medição de índices de audiência (*people meter*), o índice de verificação de circulação (IVC) e as pesquisas de audiência de níveis de leitura (entrevistas), isto muito vem mudando nos últimos anos. Hoje, alguns programas de televisão, como os telejornais ou os de entretenimento, convidam participantes a continuar discussões de matérias apresentadas, nos *chats* do *site* da emissora. Além disso, jornais e programas de entretenimento veiculados primeiramente na televisão, são depois lançados em vídeos no YouTube, o que permite verificar a popularidade pelo número de visualizações e comentários.

Atualmente, os valores-notícia determinam a seleção dos acontecimentos que fazem parte da agenda, mas a escolha dos fatos noticiosos pelo público também acaba determinando os valores-notícia. E quem não se adapta ou não está aberto a mudanças fica um passo atrás. Mesmo empresas mais tradicionais ou quem já estava aposentado e nem pensava em aprender novidades, muito menos relacionadas à tecnologia, vem mudando de ideia, interagindo, conhecendo um novo leque de oportunidades, diversão e conteúdo, ainda que a passos curtos.

Hoje, o próprio comportamento de relação com a Internet vem-se transformando de forma generalizada. A empresa que não possui um *site*, não existe para quem a quer encontrar. A Internet chega a camadas mais humildes da população e esse público também quer fazer parte dela, também começa a querer entender e conhecer coisas novas. Esse público, que ainda não sabe muito bem de onde vem determinada informação ou ainda tem receio de alguém estar gravando todos os dados digitados, quer ingressar em redes sociais, aproveitar as facilidades de usar o *Internet banking* etc.

Além disso, aplicativos como o Google docs[1] e arquivos diversos já são armazenados na rede há algum tempo. Isso significa muito mais segurança depositada nela, quando temos nossas fotos, que são nossa memória de bons momentos, armazenadas em um *site* como o 4shared ou em aplicativos como o do Windows Live. Toda essa parafernália armazenada em superservidores torna o usuário mais leve. Ou seja, ele sequer precisa baixar programas, mas utilizar os que estão disponíveis *online*. E não há dúvida de que muito mais coisa já esteja acontecendo, mas nossa velocidade ainda está tentando acompanhar, pois a *web*, com seus grandes tentáculos, está puxando pessoas que querem se agarrar a novas ideias e abarcando usos e desusos de diversas áreas que vamos ver a seguir.

---

[1] Antigo *Writely*, adquirido pelo Google em 2006, é um aplicativo *online* de editoração de texto.

Webmarketing

A *web* atual possui cada vez espaços mais complexos, com música, vídeo, imagens e texto interagindo em um mesmo espaço. Assim, consegue alcance quem facilita o acesso, ou seja, sabe montar a trilha mais acessível àquilo que pretende mostrar. Mas o destino final também precisa ter relevância para ser eficaz; sem isso, de nada adiantou chegar até lá. Deve-se saber exatamente onde expor uma marca e o que fazer com ela, e isto precisa acontecer sem subestimar a inteligência do internauta, capaz de identificar facilmente a ação de uma empresa, gerando mais que um efeito não esperado e até mesmo negativo.

Desta forma, investir na segmentação do público é uma das principais saídas para uma empresa ter êxito na *web*, pois a comunicação está definitivamente abandonando a era da divulgação de massa para adotar a divulgação um a um. Mas, como argumenta Beiguelman (2004) no capítulo "Admirável mundo cíbrido", do livro *Culturas em fluxo,*

> (...) nada se fará, no entanto, se não se reconhecer a radicalidade das transformações que os novos sistemas de telecomunicação trazem às formas de criar, ler e organizar as representações e os sentidos para além das visões marqueteiras e seu inequívoco viés apocalíptico.

A partir do momento em que uma empresa se lança em redes sociais deve aceitar as regras do jogo e não querer redefini-las e, caso queira agir dessa forma, que se utilize de outra estratégia que não uma "social". A gestão de conteúdo pelo usuário não é só uma tendência, uma febre. É uma realidade que deve envolver principalmente o diálogo, a mediação, o bom senso. Inserir-se em redes sociais é premissa de colaboração e comprometimento com a transparência, com a cooperação, intermediação, participação.

As redes sociais são a oportunidade de ouvir os clientes de forma espontânea e sem interferência de pesquisadores. Quando ouvimos o outro, ele se torna predisposto a nos ouvir também. O *marketing* feito nessas mídias permite criar relacionamento direto com o cliente e por isso é tão valioso. Mas algumas regras devem ser seguidas para que o consumidor não se sinta usado ou enganado. Quando uma empresa deseja implementar ações de *marketing* para se aproximar de seus consumidores por meios das redes sociais, ele deve ter claro que precisará escutá-lo bem e deixar evidente que assumiu com ele um sincero compromisso. Antes de mais nada, ele deve conhecer bem seu cliente, compreender suas necessidades e oferecer vantagens e exclusividade em algum aspecto.

Um trabalho com estas redes não deve nunca ser levado na inércia. Ele deve ser monitorado constantemente, o relacionamento deve ser retroalimentado ativamente, ou seja, a empresa deve assumir o comando da conversação, provando que tem razão para estar ali e que está agregando com consistência. Um planejamento deve ser desenvolvido para ser acionado em casos de crise nestas redes, quando um consumidor ou um grupo demonstra insatisfação e isto foge do controle perante os demais. Para atingir este consumidor mais eficazmente, a empresa acaba tendo de se render a um comportamento multimídia, pois se a informação disponível está em vídeo, áudio, texto e imagem, fica mais fácil atingir mais gente, no entanto, as mídias tradicionais, que detêm mais credibilidade, não devem ser abandonadas.

Sendo assim, as redes sociais não devem ser vistas pelas empresas como apenas um canal de publicidade, mas como um meio no qual as empresas possam estabelecer uma comunicação para se relacionar e se aproximar de seus consumidores. O sucesso de uma campanha não difere tanto de uma mídia tradicional em seu resultado: depende de quanto o anúncio irá atender ou despertar a necessidade de cada consumidor. Por isso, o "impacto" da publicidade em redes sociais é tão maior do que em outras mídias, o que significa que um maior cuidado no momento de elaborar a campanha significa atingir mais fortemente, de forma positiva ou negativa, consumidores também formadores de opinião.

O Facebook, hoje, tenta seguir essa lição. A rede permitiu a divulgação de propagandas por meio de aplicativos de acordo com o perfil do usuário e de seus amigos. Por exemplo, se o usuário é fã de futebol, produtos de material esportivo terão um interesse maior de sua parte. Assim, por meio dos gostos de cada pessoa é possível personalizar a propaganda e anunciá-la para o público certo. O grande cuidado que se deve ter é o exagero que vem ocorrendo entre as empresas que se sentem na obrigação de participar de redes sociais e ganhar consumidores por meio delas, criando assim promoções e concursos diversos, principalmente no Facebook e Twitter.

Uma saturação parece próxima quando diversas promoções acontecem em meio a um público bastante heterogêneo, inclusive de usuários que criam perfis apenas voltados à participação nessas promoções, sem qualquer pretensão de vínculo com tal marca ou produto. O mesmo parece ocorrer com *blogs* empresariais que são criados não com a intenção de conhecer melhor o público e abrir um canal direto de comunicação com ele, mas de apenas estar presente no canal em que o concorrente já está. Afinal, já que as funções de provedor de conteúdo e consumidor se tornaram cada vez mais confusas, já não basta falar *para* o público, é preciso agora falar *com* ele.

Portanto, um *blog* que não agrega com informação útil ao público potencialmente interessado não tem muita chance de sucesso. E mesmo aquele que oferece boa informação, mas não conversa com o consumidor dessa informação, perde boas chances de marcar seu produto na memória do consumidor. Por ser ele um canal de divulgação de conteúdo, algumas estratégias são utilizadas para chegar mais facilmente ao público-alvo, como criar títulos interessantes para os *posts*; usar parágrafos mais curtos; usar subtítulos para atrair a leitura; escrever com uma linguagem próxima do público; abertura aos comentários e interação; possuir um *design* simples e prático de se navegar; possuir imagens e vídeos e manter uma frequência programada de *posts*.

Hoje, os blogueiros profissionais são grandes influenciadores na blogosfera, com uma boa rede de contatos com outros blogueiros tanto profissionais quanto pessoais, e por isso, muitas marcas não chegam a criar *blogs* nem figuram fortemente nos *blogs* de suas empresas, mas estão presentes em *blogs* profissionais da área, como forma de aparecer ao público leitor daquele profissional que respalda tal marca com seu *post*-aval.

Isto também faz parte de uma consciência de que ficar longe da linguagem e dos hábitos de aquisição de informação dos consumidores internautas pode ter grandes consequências financeiras. Mesmo as maiores empresas não podem ignorar as informações trocadas pelos usuários na Internet e como eles se comportam. Um grande exemplo de que proporcionar abertura a diálogo é o melhor caminho para solucionar a maioria dos problemas com consumidores insatisfeitos são *sites* como o Reclame Aqui, usados não apenas por aqueles que querem divulgar o tratamento recebido pelas empresas que os decepcionaram, mas por aqueles que pretendem conhecer melhor um produto ou marca que desejam adquirir.

Assim, quando um consumidor não consegue conversar diretamente com a empresa e isso não é possível nem mesmo *online*, são grandes as chances de a marca figurar entre os comentários do Reclame Aqui e similares. Pois se deve levar em consideração que os brasileiros trocam informações sobre produtos, serviços e empresas antes de decidir qualquer compra. Eles estão muito mais críticos e analíticos, pois sabem que têm poder de escolha e decisão e por isso o relacionamento com cada um dos consumidores é fundamental.

Da mesma forma como as grandes empresas devem se aproximar de seus consumidores e possibilitar um canal aberto de comunicação, as pequenas e médias devem ser ainda mais próximas e desenvolver novas formas de interação da marca com não apenas um "número" de consumidores, mas consumidores "pessoas de verdade". Essas estratégias servem também para profissionais que tentam criar uma reputação na Internet. Afinal, construir uma rede social é sair não apenas fazendo simples contatos, mas pontes direcionadas a contatos mais expressivos.

Interagir, gerar fotos com pessoas respeitadas na área profissional, inseri-las com *tags* em *site* ou perfil pessoal ou profissional, participar de grupos de discussão, deixar comentários em *blogs* com grande audiência, assinando com um *link* para o próprio *site* ou *blog*. Essas são ferramentas de Internet que funcionam muito melhor quando aliadas a estratégias de contato pessoal. A escrita digital permite que se utilize as ferramentas *online* da rede social que ajudam a obter uma maior visibilidade e manter relacionamentos preexistentes, porém as habilidades de relacionamento social devem ser tão ativas quanto a participação de conferências e eventos onde se dêem os encontros pessoais.

Um ótimo exemplo de como as habilidades sociais no mundo presencial e virtual devem caminhar juntas foi a eleição presidencial de 2008, nos Estados Unidos. Enquanto os candidatos usavam os meios tradicionais para angariar fundos de campanha, Obama descobriu o poder que poderia ter utilizando a Internet como meio de expressão. Ainda que com contribuições muito baixas, foram mais de 2 milhões de doadores, o que contabilizou 91 milhões de dólares já nos primeiros meses, permitindo que ele fosse o primeiro candidato presidencial da história do país a poder dispensar o financiamento público em eleições gerais.

Seguindo uma estratégia criteriosa, Obama focou sua campanha na força dessas pessoas, com um discurso motivador, que concedia valor a cada um e pedia que acreditasse que "podia". Seu *site* e o famoso vídeo "Yes, you can", postado no YouTube, além da estratégia de contato por diversas redes sociais foram complementados com o informativo comercial na televisão e muita aparição pública e contato pessoal com eleitores.

Aqui no Brasil, ocorreu uma mobilização parecida nas últimas eleições, de 2010, também para presidente. A candidata do Partido Verde, Marina Silva, que começou a candidatura com um baixo índice nas pesquisas, conquistou os jovens com suas palavras e imagem coerentes, pelo bom trabalho desempenhado no governo como ministra, e pela preocupação com o meio ambiente. Mas foi a sua participação nas redes sociais que, além de acumular 20 milhões de eleitores, conseguiu o feito de levar muitos jovens a se interessar em conhecer melhor as propostas dos candidatos como um todo e dar mais importância à campanha presidencial.

Casos de sucesso e inesperadas mobilizações pela Internet são fruto de ações de quem já compreendeu que ela não pode ser vista mais como uma rede de computadores, mas de pessoas. Estratégias de *marketing*, hoje, já não podem considerar números aleatórios sem considerar a heterogeneidade dos grupos, analisar a fundo comportamentos que estão em transição e possibilidades de contatos que são descobertas a cada dia por pessoas em todo lugar do mundo.

Não há como manipular o comportamento das pessoas a favor de uma causa, mas algumas atitudes são tomadas para que elas sejam conquistadas e vejam razão em fazer parte de algo ou joguem a favor de uma marca ou empresa nas redes sociais. Para Torres (2009), antes de tudo, deve-se perceber a maneira como as pessoas interagem entre si e com a marca, o produto, o serviço e o ato de se mobilizar por algo. Depois, identificar e compreender quais padrões de interação estão presentes, como quem é o maior influenciador de grupos formados em redes sociais e como ele se comporta para conseguir isto. Após essas análises, é interessante recompensar aqueles que exercem influência social no grupo.

Afinal, foi analisando o comportamento de usuários e como eles espontaneamente promovem uma marca ou um produto que ferramentas de divulgação foram sendo aprimoradas. Uma delas é o *marketing* viral, que se baseia nas emoções causadas nos espectadores para garantir sua sobrevivência e seu sucesso. Ou seja, aqueles que contêm situações ridículas, ou de tragédia, sexo, ou com crianças e animais, e que tem como forte componente a criatividade, em geral geram bastante fluxo e caminham sozinhos ajudados pela força do boca a boca.

O termo "*marketing* viral" foi criado por um estudante de Harvard, Tim Draper, tendo sido popularizado em 1997, pela empresa de capital de risco Draper Fisher Jurvetson, para descrever a prática de anexar anúncios próprios nos *e-mails* enviados por seus usuários. A ideia é que a mensagem atinge um usuário que é infectado por ela ao aceitá-la, passando a compartilhá-la com outras pessoas de sua rede "infectando-as", ou seja, fazendo com que aceitem a mensagem e gerando a possibilidade de que elas sigam repassando a seus contatos e assim por diante.

Em busca de um maior alcance das mensagens contidas nos virais, buscou-se entender porque alguns usuários conseguem atingir mais pessoas que outras, ou seja, são mais influentes em meio a um maior número de contatos. Dessa forma, em 2004 foi desenvolvido o conceito de usuário alfa, aquele que tem mais poder de influência, e quando contaminado inicialmente, tem a possibilidade de que ele tenha êxito. Se analisarmos as chances de um viral ser bem-sucedido, devemos levar em consideração algumas características que contribuem para isso, como o fato de ele distribuir gratuitamente algum produto ou serviço, mexer com emoções e utilizar redes de comunicação já existentes.

Apesar de parecer simples, são muitas as pessoas que tentam produzir um viral sem êxito, ao passo que alguns sem tanta intenção acabam caindo no gosto de grande grupo de usuários. Geralmente enviados por *e-mail*, com mensagens ou mesmo *links* para fotos ou vídeos ou arquivos executáveis, boa parte também é transmitida pelas redes sociais, principalmente vídeos. Em oposição aos virais estão os *e-mails-marketing*, em relação à receptividade. Um viral em geral é enviado por um amigo ou conhecido que achou a mensagem interessante e quis compartilhar para que seus contatos também se divertissem ou se emocionassem. Já um *e-mail-marketing* é um instrumento de venda reconhecido por quem o recebe.

Uma ferramenta utilizada pelas empresas para divulgar novidades sobre seus produtos ou serviços que acaba sendo malvista quando enviada com demasiada frequência – o tempo entre o envio de um *e-mail-marketing* e outro não deve ser nem muito longo para que o usuário não se esqueça do produto nem muito curto para que não se canse. Além de contar com as possibilidades de cair na pasta de *spam* ou ser simplesmente ignorado se o assunto não chamar atenção. É uma boa estratégia quando bem utilizada, ou seja, com um formato adequado de leitura e quando os temas abordados de fato sejam relevantes e enviados a uma lista de usuários que se cadastraram espontaneamente por se interessarem por determinada marca e/ou produto.

O uso de listas de *e-mails* só aborrece o receptor e não gera resultados satisfatórios. Uma empresa não deve jamais invadir o espaço dos usuários sem seu consentimento. Uma péssima estratégia é varrer dados de usuários de redes sociais e sem permissão destes passar a enviar mensagem e tentar interagir. Pode ser, além de ineficiente, perigoso, pois quando o usuário se sente invadido ele tende a reagir negativamente, seja compartilhando a má impressão com outros usuários, reclamando e tornando pública a atitude invasiva da empresa, seja desenvolvendo uma visão negativa e de aversão à marca.

Mas por mais que a ferramenta do *e-mail-marketing* seja bastante útil para reforçar a comunicação das novidades de uma marca, ela não deve ser pensada como estratégia isolada, mas sim agir com interdependência em meio às outras ferramentas já comentadas aqui. O mesmo vale para cada uma das outras. E finalmente para uma das mais importantes delas: estar mais facilmente "encontrável".

Dois elementos fundamentais na rede: o conteúdo dos *sites* e as ferramentas de busca estão intrinsecamente relacionados. Como as ferramentas de busca se desenvolveram amplamente culminando no Google e suas constantes atualizações, uma estratégia essencial para ser visto é estar entre os primeiros do *ranking* nos resultados de busca. Essas ferramentas se tornaram indispensáveis por conta da quantidade de *sites* que não para de crescer e, com isso, fica ainda mais difícil memorizar, além dos *sites* que geralmente utilizamos, aqueles de produtos novos que ainda temos curiosidade em conhecer melhor ou simplesmente nem sabemos que existem e vamos descobrir ao pesquisar sobre um tema, uma viagem, um termo, uma polêmica etc.

Como esta ferramenta utiliza um sistema de busca por palavra-chave e a maioria dos novos acessos acaba vindo por este meio, a forma como o conteúdo está disposto dentro do *site* é a mais importante estratégia para estar em contato com o usuário. O *marketing* de busca, ou *search engine marketing* (SEM), é a preocupação em melhorar a estrutura e os textos de um *site* para torná-lo mais visível e melhorar seu posicionamento nas ferramentas de busca. Ele utiliza uma série de técnicas e atividades que chamamos de *search engine optimization* (SEO).

Isso significa que a possibilidade de o *site* ser mais encontrado depende de como ele está mais vinculado a determinado tema de interesse do dono do próprio *site*, e que por sua vez, depende de como são construídos títulos de matérias, itens, tópicos ou *posts*, do conteúdo de subtítulos e primeiros parágrafos de textos, além disto, se fotos estão "linkadas" e devidamente nomeadas, levando-se em consideração os temas abordados e o tema central do *site*[2].

Assim, é importante garantir além de uma estrutura que facilite a varredura das ferramentas de busca, que o conteúdo do *site* tenha as palavras-chave corretas, que permitam que um usuário o encontre quando está procurando algum produto, serviço ou informação relacionada ao negócio. E, finalmente, modismos na construção de *sites*, como utilizar a tecnologia em *flash*, além de não indexar normalmente em *sites* de busca, demora mais a carregar ou sequer rodam em algumas máquinas sem programa específico ou com pouca capacidade de conexão à Internet.

Dessa forma, para se chegar ao usuário e possível consumidor não basta pensar em como fazer melhor um *e-mail-marketing* ou

---

[2] Este não é o único requisito para "*rankear*" um *site* nos resultados de busca, existindo uma série de aspectos observados pelos robôs no momento da busca, como quantidades de cliques de usuários, números de *links* em outros *sites* que levam ao *site* em questão, entre diversos outros.

ação isolada, mas deve-se pensar em como o consumidor raciocina antes de buscar e consumir um produto. Por quais meios ele chega mais facilmente a uma marca e como ele pode ser conquistado. O que ele espera para se sentir satisfeito e em que momento esse produto será mais útil.

Ou seja, a Internet é um meio muito rico para uma divulgação comercial, e eu diria fundamental para a sobrevivência hoje da maioria das marcas, mas continua sendo um meio, o qual precisa ser trabalhado com suas especificidades e sempre lembrando que por trás não existem apenas números e estatísticas *online*, mas consumidores como sempre foram, ou seja, pessoas que aprenderam a utilizar novas ferramentas, mas ainda são pessoas.

Publicidade

As diversas mídias foram-se multiplicando, mudando e se incrementando. Antes os *banners* na publicidade digital tinham um ou poucos formatos e eram usados indiscriminadamente. Com o aprimoramento dos *sites* e dos usuários, a publicidade teve de acompanhar uma evolução e aprender a compreender melhor o que a Internet passava a apresentar de diferente a cada dia e o que isto impactava no comportamento dos usuários.

As possibilidades se alargaram e novos espaços foram surgindo como verdadeiros canais. Um exemplo disso é o YouTube. Com tanta audiência e a disseminação espontânea dos vídeos de maior sucesso, tornou-se um espaço de mídia com potencial de crescimento e aprimoramento. *Trailers* de filmes recém-lançados podem aparecer antes de vídeos mais acessados ou *banners* com publicidade pode aparecer dentro da própria tela. Essa diversificação também ocorre com as outras redes sociais, como Orkut, Facebook etc.

Estes *banners*, que já possuem formato quase tradicional, no qual a visão do usuário se acostuma rápido quando ele é assíduo, pode até mesmo passar despercebida. Por isso, eles tiveram de se diversificar para serem mais atrativos. As agências inovam no formato, apresentando *banners* interativos em campanhas *online*, pois um *banner* que mostra apenas uma imagem estática informativa já não atrai o olhar do usuário que está cercado de informações convidativas por todos os lados. São mais caros, mas podem ser divertidos ou inusitados.

Nada garante o resultado, pois apesar de inovador e extremamente atraente, pode não gerar venda com isso, afinal os objetivos e o consumidor devem ser exaustivamente analisados quando se pretende atingir um público que em geral se divide entre tantos espaços de leitura. E não adianta o *banner* piscar ou mudar de cor; o usuário precisa de muito mais do que isto para considerá-lo atrativo. Depender da interação do usuário para mostrar o que está vendendo pode ser uma boa estratégia para gerar expectativa e curiosidade e atrair o olhar, mas não garante um filtro dos potenciais usuários. Ao mesmo tempo fazer com que o usuário em algum momento interaja com a marca de uma forma criativa e memorável é proveitoso ainda que não gere venda imediata.

Mas a publicidade na Internet vai muito além dos *banners*. No intuito de pensá-la como mídia e montar um planejamento mais eficaz, pode-se usar diversos espaços para veiculação publicitária, como portais, *sites* especializados, *blogs* profissionais, redes sociais, portais de jogos, aplicativos, celulares e *smartphones*. Muitas empresas, para disseminarem suas marcas, utilizam recursos na Internet que ainda são novidade para a maioria das pessoas. Elas utilizam tecnologias Voip, Java e Flash[3] para criar aplicativos ou ambientes com recursos interativos para gerar *buzz*[4] e chamar atenção para as próprias estratégias que estão pondo em prática na promoção de seus produtos e/ou serviços. *Banners* interativos, *podcasts*, *videocasts*[5] e *widgets*[6] são alguns dos artifícios utilizados pelas empresas para atrair público a conhecerem suas marcas ou deixá-las gravadas na lembrança das pessoas.

Com tanta informação nova, a leitura foi afetada, mas o usuário ainda está lendo bastante, ainda que de forma mais frenética, fragmentada e menos concentrada. Procura mais informação em meio a mais informação disponível. Aos poucos, esta informação atinge cada vez mais extratos sociais menos favorecidos, com a inclusão digital. Afinal, principalmente os jovens descobrem o que eles precisam e estão dispostos a consumir e onde o podem encontrar.

Por conta disso, antes de definir qualquer conteúdo, deve-se ter claro que ele deve ser útil para o consumidor. É sua utilidade que vai definir sua escolha em meio a um mar revolto, pois, acima de tudo, qualquer interação na Internet deve ser consentida e ser enganado é a pior experiência pela qual um usuário pode passar: ele não esquecerá quem o enganou e é provável que seus amigos também não.

---

[3] Tecnologia Voip, ou Voz sobre IP, usa a Internet ou outra rede de computadores baseada no protocolo de Internet, para suportar a transmissão de voz. JavaScript e Flash compartilham da mesma tecnologia, envolvendo programação, mas cada um com suas particularidades.

[4] A terminologia *"buzz"* foi criada como um paralelo ao zumbido das abelhas e é mencionada quando um tema é disseminado espontaneamente entre as pessoas, gerando comentários. Diz-se que gerou um *buzz*.

[5] O *podcast* é um *spot* de voz gravado e lançado *online*. Eles podem ser feitos por amadores e lançados de forma periódica, em formato de série. Já o *videocast* se trata de sua versão em vídeo.

[6] Os *widgets* são aplicativos que permitem ser rodados no espaço de um *banner*. Eles geralmente contêm informações úteis ou de entretenimento, assim muitos se tornam virais.

Mas se enganar o consumidor já nunca foi uma boa ideia, enganar o internauta pode ser muito pior. Com acesso fácil a milhões de outros consumidores em potencial, o usuário de Internet tem o poder de denúncia em suas mãos. Ou seja, enganá-lo pode ser um atalho para ouvir comentários negativos a respeito da empresa. E quem não está atento a isto, pode não ter o êxito esperado em seu investimento, pois a Internet é hoje o meio pelo qual mais consumidores são influenciados na hora de decidir pela compra de um produto.

Dar mais atenção a estas características do consumidor em geral é essencial para que uma marca o atinja mais facilmente. Em geral, jovens de 25 a 32 anos são os mais influenciados pela publicidade *online*. Quase a totalidade dos superusuários não realiza uma compra não corriqueira sem antes pesquisar na Internet. A publicidade tem na Internet um campo fértil para atingir mais consumidores, ainda que a concentração de muitos deles seja diluída entre muitas outras informações *online* e atividades que muitas vezes realiza diante do computador, como ver televisão, comer ou conversar.

Para Pisani e Piotet, a publicidade é uma das três formas de capitalizar com a cauda longa, em conjunto com a assinatura e o comissionamento. Segundo eles, nos Estados Unidos, os gastos com publicidade virtual passaram de 6 bilhões em 2002 para 12,4 bilhões em 2005. Se o crescimento foi de mais de 100% em três anos, enquanto no mesmo período o mercado de publicidade global não aumentou 19%, não é à toa que empresas como Google e Yahoo! investem tanto em tecnologia para desenvolver ferramentas nessa área.

Mas eles salientam que para lucrar com as vantagens geradas pela cauda longa na Internet é necessário observar o comportamento do que eles denominam de *web* ator, ou seja, o usuário de Internet que participa, vive o processo de fazer parte dela. Os autores consideram que para se beneficiar da publicidade *online* é preciso aproveitar os nichos e focar no que o consumidor está buscando, por exemplo: enquanto alguém está comprando uma viagem, oferecer publicidade de lugares onde se hospedar ou ingressos para passeios.

Mas uma outra estratégia que já está se tornando comum pela eficácia é em conjunto com a oferta de produtos, oferecer comentários de outros usuários. Quando estes se dão em forma de recomendações, ganham muito mais força. As recomendações de amigos e familiares são quase um convite à compra, mas recomendações de desconhecidos também têm um poder imenso, pois como já comentado aqui, são também consumidores e isso acaba transmitindo confiança também.

Fato é que a publicidade vem-se tornando cada vez mais excessiva e invasiva. Quem nunca se irritou ao entrar em um *site* e uma janela *pop-up* surgir de repente anunciando um produto do próprio dono do site? Elas são tão abusivas e exageradas que parece não haver tempo para diversificá-las; são parecidas em seus formatos e linguagem como se pudessem atingir todos com aquela mensagem, mas na realidade é uma busca desesperada por atenção. Por isso, aqueles que conseguem trabalhar melhor sua forma de atrair o público, parecendo sanar uma necessidade do usuário e utilizando as vantagens de um meio multimídia (possibilidade de usar texto, imagens, vídeos, *spots* de áudio) se sobressaem.

E-commerce

A ideia do *e-commerce* derivou do catálogo da Sears (Wish book)[7], que já em 1886 viu uma oportunidade de venda naqueles que não tinham como ir a uma loja física. Nesse tipo de comércio, em que o consumidor não experimenta, sente, prova o que compra, o que ele compra na realidade é a ideia do produto. Isso não significa que o produto não deva ter qualidade, mas que mais que um objeto, a venda deve conter histórias e sonhos. O caso do *e-commerce* não chega a ser uma cópia revivida porque em boa parte das vezes o consumidor sabe o que está comprando, já tendo visto o produto ou tomado conhecimento de suas qualidades por outras fontes. No caso dos brasileiros, a compra de roupas e calçados não se popularizou, mas eletrônicos, livros e CDs estão entre os mais procurados.

De uma forma ou de outra, a verdade é que a Internet alterou de muitas formas nosso comportamento com relação a como realizamos compras. O consumidor adotou a compra on-line principalmente por conta da praticidade e economia. No Brasil, o comércio eletrônico surgiu em 1995, em um movimento de empresas interessadas em ampliar seus lucros. Atualmente, é o canal mais moderno, eficiente e simples para compra e venda, além de ser o meio de comercialização com maior crescimento nos últimos anos. As principais vantagens que atraem os e-consumidores são os preços mais baixos, o financiamento facilitado, o frete grátis, a praticidade para comparar preços de produtos e a facilidade de compra.

---

[7] Loja estadunidense que vendia produtos variados e distribuía gratuitamente catálogos com as descrições desses produtos, assim os estadunidenses podiam fazer compras sem sair de casa, recebendo suas compras pelo correio.

Dessa forma, o *e-commerce* cresce rapidamente em todo o mundo. Jeff Bezos, CEO da Amazon, prevê que ele deva atingir entre 10% a 15% do comércio americano nos próximos dez anos, o que levaria o faturamento anual do setor, no país, a um valor superior a meio trilhão de dólares. Segundo dados do eCommerce.org, no Brasil, o faturamento passou de meio bilhão de reais em 2001, para mais de 13 bilhões de reais em 2010, representando um crescimento superior a 2.300% em apenas uma década.

Aproveitando-se da tecnologia desenvolvida para as plataformas que suportam o *e-commerce*, chegou ao Brasil, em 2010, o fenômeno da compra coletiva. Empresas, como o Groupon, que existe nos Estados Unidos desde 2008, criaram uma filosofia de compras por desconto, copiada por outras empresas do gênero, como o Peixe Urbano, primeira a chegar em nosso país. Elas inauguraram uma nova forma de consumo *online* para brasileiros, já tão adeptos a novidades sobre esse tema.

A compra coletiva na Internet funciona de forma simples: pequenas e médias empresas em busca de se tornarem conhecidas, aumentar número de clientes em determinados dias da semana ou divulgarem novos produtos, anunciam ofertas em *sites* que detêm um percentual do valor da venda, ao passo que os consumidores compram o produto ou serviço em oferta, de acordo com algumas regras impostas para a promoção. Como um mesmo produto pode ser adquirido por dezenas de pessoas, não é difícil que depois de pago o consumidor tenha certa dificuldade em consumi-lo, independente de ser uma reserva em um restaurante ou uma massagem em um SPA.

Uma compra feita por impulso, pois o tempo limite para efetuar pagamento vai se extinguindo e o consumidor pode perder a chance caso demore muito para pensar. Ou seja, uniu o comportamento consumista do brasileiro ao de aproveitar uma oportunidade de ganhar vantagem e o resultado foi um sucesso em vendas que só tende a crescer e se estabilizar como forma de consumo. E uma grande ferramenta espontânea que sustenta esse negócio é o *buzz marketing*, pois pelo prazo curto de compra e pela oferta de serviços e produtos consumíveis muitas vezes em grupo, como reservas em restaurantes, bares ou parques de diversão, por exemplo, leva assim a uma divulgação espontânea ao convidar os amigos.

Um fator que também permite que as compras aumentem para cada oferta é o fato de o número de pessoas que adquirem o produto ser exposto para quem ainda está pensando na possibilidade da compra. Robert Metcalfe, coinventor da Ethernet[8], criou o conceito de "efeitos de rede" para demonstrar que na Internet acontece como em qualquer outro mercado e o valor de um bem ou serviço varia conforme o número de pessoas que o utilizam ou visitam. Ou seja, se já existe pouco tempo para analisar se a compra vale mesmo à pena, e neste ínterim, você percebe que muitas pessoas estão interessando-se e adquirindo o produto, isso agrega valor a ele e o consumidor se sente impelido a aproveitar a oportunidade também.

Atualmente, a tendência é que o comércio eletrônico se torne cada vez mais presente no hábito de consumo dos brasileiros. Mais segurança na rede e mais possibilidades de compra, além de mais gente com habilidades suficientes para navegar em *sites* de *e-commerce* e adquirir produtos *online*. Os empresários que hoje desejam alavancar suas vendas expandindo os negócios na Internet já sequer precisam desenvolver complexos sistemas de *e-commerce*, pois há sistemas disponíveis para *download*, como o Magento, e mesmo a grande comunidade de programadores e

---

[8] Um padrão que permitia a conexão de computadores muito próximos uns dos outros.

empresários que utilizam a mesma plataforma são um bom e útil suporte quando for necessário pedir socorro.

Webjornalismo x jornalismo participativo

Assim como outros meios, a Internet também requer uma adaptação de linguagem na hora de comunicar. Ainda há uma certa dificuldade no âmbito geral de profissionais que trabalham com jornalismo em se definir a diferença de um jornalismo *online*, no qual o conteúdo jornalístico é apenas transposto de outros meios para a Internet, e o *webjornalismo*, que compreende a Internet e a plataforma *web* como um meio diverso, com suas diferenças e especificações. Desta forma, a Internet não se torna apenas uma plataforma na qual a televisão ou o jornal podem ser veiculados, mas um meio tal como estes, e que também necessita de adaptação de estilo no momento de veicular a mensagem.

Diversos estudos comprovam que a grande maioria das pessoas que navegam na Internet não lê as notícias do começo ao fim, de forma linear, palavra por palavra, como em um livro, jornal ou revista, mas se limitam a fazer uma varredura visual (*scan the page*), filtrando palavras ou frases que estão mais de acordo com o título e de acordo ao que parece esclarecer o sentido do texto. Levando em consideração uma forma de leitura que se convencionou por diferentes razões, o *webjornalismo* começou a ganhar especificações maduras e de acordo com o meio a que pertence.

Se a grande quantidade de informação disponível na Internet por um lado colaborou para esse tipo de leitura, os monitores luminosos, com algumas janelas abertas ao mesmo tempo, fizeram, de outro lado, com que a leitura se fragmentasse, possibilitando inclusive que outros novos recursos fossem utilizados para se chamar a atenção do leitor, permitindo reter seu olhar, ainda que saísse do texto para compreender a mensagem por meio de um vídeo, áudio ou imagem; ou mesmo por meio de novas janelas que trazem novos conteúdos que se complementam.

Com isto, o *webjornalismo* foi determinando algumas características de otimização de resultados neste novo meio. Algumas estratégias muito usuais são a utilização de subtítulos que conversem com um já chamativo título e com um texto mais conciso; destacar palavras-chave com *hiperlinks* ou cores, exprimir uma ideia por parágrafo, de forma clara e organizada; e fazer uso de tópicos ou gráficos/imagens que gerem mais curiosidade sobre o que se está falando. Mas não basta seguir regrinhas aleatoriamente ou unir a notícia a um conjunto de novos elementos multimídia, pois isto pode, além de criar redundância, tornar o ambiente no qual a informação é passada poluído visualmente.

Lamentavelmente, uma grande tendência do *webjornalismo* é que a rapidez e a redução façam com que o jornalismo acabe passando de informar para comunicar, ou seja, permite que as informações se tornem apenas comunicados repetidos e matérias prontas, vindas de assessorias de imprensa ou outros veículos maiores, retransmitindo a outro público em um outro veículo e, ainda que em outro meio, com a mesma ideia literal, em uma postura que, além de passiva e desleixada, abdica de procedimentos básicos da prática jornalística como pesquisa, investigação e apuração.

Com tanta gratuidade na Internet e pelo fato de grande parte das notícias e *sites* serem encontrados por meio de buscadores, os jornais tradicionais acabam liberando o acesso e mesmo investindo em suas versões *online*. Mas essas informações podem chegar de forma não linear aos leitores, pois com ferramentas como o Google Alerta, é ele quem escolhe quais palavras-chave as notícias devem ter para que sejam enviadas automaticamente em seu *e-mail* e nem mesmo precisam entrar nos *sites* ou buscadores para procurar notícias.

Por esta narrativa hipertextual da Internet ser substancialmente distinta da linear dos jornais impressos, existe a necessidade de se pensar a informação a partir de outros pressupostos teóricos, mas não há razão para que estes desprezem as conquistas de linguagem adquiridas ao longo de séculos de experiência jornalística, mas também que não ignorem as características peculiares da informação hipermidiática contida no meio *online*.

Alzamora (2004) lembra a relevância de na Internet, as informações serem simultaneamente efêmeras (necessitarem atualização constante) e perenes (não ficam retidas na memória por muito tempo), tradicionais (paradigma massivo) e experimentais (paradigma pós-massivo), e salienta para o fato de que qualquer tentativa em sistematizar teoricamente essa linguagem terá de levar em consideração as características híbridas da informação hipermidiática.

Isso também ocorre porque os próprios consumidores da informação *online* já participam de uma dinâmica relacional em que as construções de tipo hierárquico próprias das mídias tradicionais parecem pesadas e deslocadas, principalmente para os mais jovens, que já se acostumaram a uma forma não linear e horizontal de consumir novidades. Estas e outras características já bem fundadas no ambiente *online*, segundo Pisani e Piotet (2010), influenciam as mídias em três níveis: recepção, retórica e contribuições.

Por recepção, os autores entendem que o público recebe vídeos e imagens tanto quanto textos, portanto cabe às mídias diversificar sua oferta e aos jornalistas dizer aquilo que pretendem, mas agora de múltiplas formas. Sobre retórica, eles dizem que é necessário encontrar a forma mais apropriada de passar o conteúdo; e, com contribuição, eles querem dizer que, com tanta participação do usuário, ele não interrompe um movimento de estar comentando alguma foto para ler um texto enorme pela Internet, portanto o jornalista tem o papel de adaptar seus textos de forma granular, artigo por artigo, e a sua recompensa será, além de ser lido por completo, também ser repassado e/ou indicado.

Para eles, outros aspectos que também mudam no processo de gerar/consumir informação no ambiente *web* são: produção, organização e distribuição. Por ser a Internet um ambiente não apenas de difusão de informações, mas principalmente de intercâmbio informativo, os processos de representação da produção e consumo da realidade (conteúdo/informação) se tornam mais complexos por se confundirem, já que a realidade na rede é renovada a cada nova interferência de um internauta.

Afinal, estamos passando da era industrial para a era da informação e isto se reflete em como as pessoas se comunicam e principalmente em como adquirem conhecimento. Sempre que há uma oportunidade de notícia, os veículos de comunicação estão presentes e assim aconteceu com os principais fatos da história. No entanto, hoje já não basta que jornais, rádios, televisões e *sites* de jornais tradicionais noticiem. É necessário um elemento essencial na atualidade: o protagonista disso tudo – as pessoas.

Segundo Juan Varela (2007), no capítulo "Jornalismo participativo: o jornalismo 3.0", do livro *Blogs: revolucionando os meios de comunicação*, as pessoas tomaram partido porque consideraram que suas ideias, opiniões e sentimentos não estavam sendo bem representados nas informações oferecidas pelos meios de comunicação. Segundo ele, os veículos de comunicação não chegam onde se desenvolvem as vidas das "pessoas normais" e não há grande profundidade das redações profissionais sobre esse cotidiano. Ainda nos Estados Unidos, reino do jornalismo local, onde os jornais atendem as pequenas comunidades com edições diárias e semanais, cresce cada vez mais a confiança nos *blogs*.

Esses *blogs* buscam manter-se informados sobre assuntos do interesse de determinados grupos de usuários e conhecer suas opiniões, dialogar com os líderes das conversas de comunidades virtuais. E assim, na era da informação instantânea, a opinião rápida dos *blogs* conquistou muitas pessoas. Eles, afinal, contribuíram de forma decisiva para impulsionar o movimento dos meios sociais e colaborativos, definindo a blogosfera como um sistema complexo, autorregulado, dinâmico e perceptível à informação dos meios tradicionais.

E assim surgiu o jornalismo colaborativo, participativo, *open source* ou cidadão. A partir de uma necessidade dos próprios internautas, em 2000 nasce o ohmynews.com, que considera que "cada cidadão é um repórter". Então as grandes redes de televisão, como a BBC de Londres, investiram no jornalismo participativo como forma de se aproximar do público e enriquecerem suas matérias com detalhes que só a população poderia fornecer.

No Brasil, o pioneiro foi o iG, com sua seção Leitor-Repórter, criada em 2000 e depois extinta, apesar de alguns estudiosos considerarem que este sequer faz parte de um real jornalismo cidadão, muito mais sendo uma forma de capitalizar sobre uma tendência. Afinal, uma prática que permite que cidadãos comuns colaborem como se fossem jornalistas profissionais requer uma mudança nos paradigmas do que seria o jornalismo. Música, vídeo, fotografia produzidos por amadores permitem que um dos efeitos dessa apropriação da rede seja que a agenda pública já não é mais exclusivamente marcada pelos grandes veículos de comunicação, dando mais poder de escolha aos usuários comuns.

Mas o ponto negativo disso tudo é que os jornalistas cidadãos não são precisos, não checam informação, não possuem *expertise* para transmitir a informação da forma correta, além de terem acesso mais dificultado às fontes, que são justamente quem torna a informação mais confiável. Ter um computador e uma conexão com a Internet não transforma alguém em um bom jornalista, bem como ter acesso a uma câmera digital não faz de ninguém um exímio fotógrafo ou um cineasta. No entanto, milhões de jornalistas amadores pensam que faz.

Amadores existem em quase todas as áreas. Talvez não devamos subestimá-los tampouco superestimá-los, mas reconhecer aqueles que tentam produzir um bom trabalho. Vejo pela ética das profissões que escolhi para mim (*jornalismo* e *psicologia*), que por mais que tenham sua técnica necessária para a prática e boa realização, são também bastante subjetivas e por isso tanta gente se sente no direito de aplicar algumas de suas funções.

Sem dúvida, isso parte muito de fiscalização, de sindicatos, de boas regras, mas também da aceitação das pessoas em geral que adquirem serviços e confiam em amadores quando esses oferecem informação. Vemos espalhados por aí, para focar nestas duas profissões que fazem parte da minha vida, diversos jornalistas amadores e pessoas dando conselhos aleatórios e fazendo as vezes de psicólogo em centros comunitários, em centros espíritas etc.

Apesar de eu não ser contra quem deseja ajudar outras pessoas, seja informando ou aconselhando, não deixo de me preocupar com um uso inadequado de ciências que são respaldadas por estudos, pesquisas e técnicas para uma melhor utilização de seus conceitos e práticas por quem sequer conhece bem suas características, usos e consequências.

Educação

Oficializada no Brasil em 1996, pela Lei de Diretrizes e Bases, a educação a distância não é novidade, mas ganhou um forte impulso com a Internet. Cursos por correspondência e os telecursos chegam a uma parte da população, mas os cursos *online* hoje atingem uma grande camada que procura se especializar com excelentes profissionais e material aos quais não teria acesso por dificuldades geográficas, de tempo, entre outras. Além disso, a autorização de até 20% do conteúdo de disciplinas dos cursos de graduação do país poderem ser feitos *online* ajudou muita gente.

A interatividade é um fator que conta muito, pois as dúvidas dos alunos podem ser tiradas no momento em que surgem e também discutidas por outros alunos que as compartilham, por meio de *chats*. Hoje, MBAs ministrados pelas melhores faculdades do mundo estão disponíveis em plataformas *online*, entre outros cursos gratuitos, seja de pequenas instituições ou de grandes, como o MIT (Massachusetts Institute of Technology). No Brasil, para citar apenas dois exemplos, a Faculdade Getúlio Vargas (FGV) disponibiliza gratuitamente material de cursos em seu sistema e o Serviço Brasileiro de Apoio às Pequenas e Médias Empresas (SEBRAE) tem diversos cursos gratuitos *online*, com orientadores à disposição do aluno.

Também treinamentos e capacitações podem ser realizados via Internet. Há um ano, em meu trabalho como assessora de imprensa de clientes ligados ao turismo, iniciamos um trabalho de capacitação[9] de agentes de viagens pela plataforma *online* que foi um sucesso, pois a empresa tem base em São Paulo, mas muitas

---

[9] Para um agente de viagem indicar e vender um pacote de viagens o ideal é que ele conheça o destino para o qual está enviando seu cliente, por isso, quando eles não têm a oportunidade de viajar ao destino, assistem a aulas sobre o que se encontra nos destinos que vendem.

agências e operadoras fora do estado sentem a necessidade de mais conhecimento para realizarem boas vendas e os custos de uma viagem acabam sendo altos caso todos queiram passar por treinamento. Uma excelente opção foi alugar um estúdio, no qual eram transmitidas ao vivo as capacitações e agentes de viagem de todo o país poderiam assistir, aprender e tirar dúvidas em tempo real.

Post 5. Vivendo em um mundo conectado

Trabalhando de graça

A comunidade de usuários da Internet aprendeu a confiar nela mesma. Descobriram que o consumidor passou a ganhar força e voz, e por trás de cada um que opina, existe alguém tão amigável, satisfeito, maltratado, especialista, leigo ou inconformado, como quem está ouvindo. Se antes, quando tínhamos algum problema com determinada empresa, comentávamos com nossos familiares e amigos mais próximos, hoje o alcance torna a insatisfação sem limites. Para que um veículo de comunicação, jornal, rádio ou televisão, saiba sobre alguma denúncia, já não precisa horas tentando se comunicar com alguém da redação por telefone. Basta um *e-mail*. Isso porque nem os veículos tradicionais são mais tão fundamentais quando um consumidor chateado quer que todos saibam o que lhe aconteceu.

Se as reclamações são muitas, isso acaba atingindo em cheio quem não conhece o produto ou a empresa que o vende, que já perde o interesse em conhecê-lo ou, no mínimo, passa a ter uma imagem ruim vinculada ao nome da marca. Mas o contrário também acontece. Elogios são lançados na rede a todo momento, e a recomendação de um desconhecido que comprou o mesmo produto que estamos planejando adquirir vale tanto quanto o de um amigo, às vezes até mais. Com isso, as recomendações *online* de outros consumidores, ainda que nunca tenham se visto ou conversado, acabam "merecendo" mais confiança que um publicitário, marqueteiro, ou mesmo jornalista, pois parece ser imbuído de sinceridade como seria o nosso próprio comentário.

Foi com essa descoberta que companhias como a Amazon puderam crescer tanto. Por perceberem o poder de confiança que usuários têm uns nos outros. Usuários de seus produtos e da Internet. Há dez anos, a grande maioria dos brasileiros ainda tinha muito medo de comprar pela rede. Medo de digitar dados que seriam copiados, medo de o produto nunca chegar, medo que quando finalmente chegasse não fosse exatamente aquilo que parecia ser. E seus medos tinham razão de existir, pois era de fato mais fácil cometer crimes digitais e enganar pessoas que não sabiam muito bem como se defender.

Muitos medos ainda existem, até porque muitas ameaças ainda existem. E este foi o trunfo de empresas que se estabeleceram como sérias e confiáveis. A Amazon, por exemplo, resolveu uma das maiores dificuldade de quem faz compras *online*: como comprar algo sem pegar, sem ver, sem saber se vai gostar? E assim as dúvidas eram respondidas com a leitura dos comentários de outros consumidores do mesmo produto que eram incentivados a postar sua opinião. Os sistemas de recomendação estão presentes em diversos outros *sites* e existem porque pessoas querem oferecer suas opiniões e disponibilizam alguns minutos de seu tempo para isso. Pois da mesma forma que um consumidor insatisfeito quer que ninguém mais consuma aquele produto e deseja levar à falência quem o fez ter prejuízo, quem está satisfeito quer mostrar que possui algo bom, eficaz e valioso.

Assim, surgiram os sistemas de recomendação, mecanismos que mostram ter um grande potencial por fazerem o ranqueamento de conteúdo, produtos etc., e permitem a inserção deles pelos usuários dos portais, por meio de filtragem colaborativa. Esse processo não apenas é usado por portais de vendas, como está contrapondo-se ao procedimento tradicional de edição de notícias, como o *gatekeeping*[1], utilizados pelos meios de comunicação de massa.

Os processos usados pelos MCM perdem confiabilidade e tendem a não lograr êxito mercadológico por essa falta de intermediário inserido na comunidade. Assim, os sistemas de recomendação favorecem uma tendência, pois os usuários tendem a gostar de notícias ou produtos indicados por amigos. Isso acaba sendo um filtro social, pois alguns são mais ativos que outros e as notícias mais lidas ou *links* mais acessados acabam vindo de uma minoria pertencente a determinado grupo social.

Dessa forma, estes sistemas acabam se apresentando como uma dimensão social que veio para transformar as estruturas tradicionais da comunicação e sociabilidade em geral, chegando a

---

[1] O conceito de *gatekeeping* foi criado por Kurt Lewin, em 1947. A princípio com relação a grupos alimentares, mas posteriormente passou a ser utilizado por White (1950) para estudar o fluxo de notícias dentro dos canais de informação. Por isso, hoje o termo se refere àquele que é o "porteiro" da notícia nos veículos de comunicação, selecionando o que deve ou não ser noticiado, de acordo com critérios de valores-notícia, entre outros.

tornar possíveis práticas até então secundarizadas pelo padrão de produção do antigo modelo consolidado pelos meios de comunicação de massa. Não é mais apenas a resenha de um livro que o leitor tem à disposição, mas a opinião de alguém que leu e pode dar seu sincero testemunho sobre a qualidade do produto.

Muitas empresas hoje já aproveitam o poder criativo de seus consumidores. São pessoas que querem exercer seu poder de expressão e que, muitas vezes não conseguem se expressar em seus próprios trabalhos. A consequência disso é que muitas pessoas juntas conseguem realizar muito mais coisas do que uma empresa conseguiria sozinha. Por isso, elas tiram proveito desse comportamento crescente e fazem com que seus consumidores satisfeitos, que devem ser cuidados para que sejam sempre mais, trabalhem em seu favor gratuitamente.

Analisando o fato de cada vez mais o indivíduo se colocar em uma posição de colaborador e participador, Don Tapscott e Anthony Williams, consultores em estratégia, lançaram o termo e o livro *Wikinomics*, que fala do movimento de participação e sua crescente acessibilidade, permitindo que os usuários possam fazer-se presentes de qualquer parte com acesso móvel. Segundo eles, este será um tipo de economia no qual empresas coexistirão com milhões de produtores anônimos, conectados e criando valor na rede, constituindo o fenômeno da "economia de colaboração". De certa forma, já podemos ver isto bastante claro em muitas áreas, principalmente no jornalismo, no qual anônimos têm o mesmo ou até mais poder de comunicar que jornalistas profissionais em seus veículos tradicionais.

Esta economia tem um poder imenso por sua possibilidade de ser gerada pela vontade de milhões de pessoas. Já vemos acontecer alguns fenômenos de colaboração espontânea e não há dúvidas de que nos próximos anos veremos surgir uma série de outras formas de ajuda mútua, participação e desenvolvimento em grupo por meio da Internet e da força do agrupamento de seus usuários. Um dos processos de produção que também utiliza a inteligência e os conhecimentos coletivos e voluntários na Internet é o *"crowdsourcing"*.

Para resolver problemas, criar conteúdo e desenvolver tecnologias, um grupo indeterminado de pessoas se une em torno de uma tarefa que quase sempre é concluída por um único profissional e é colocada para contribuições de outros não profissionais. Ele é diferente da criação conjunta, que combina esforços de várias pessoas, que cuidam cada uma de um elemento distinto, para chegar a um produto final de qualidade. O *crowdsourcing* envolve a participação individual de várias pessoas e, no final, o melhor produto entre os apresentados permanece.

Ideias que só vivem na rede

Apesar de cada vez ficar mais clara a força que têm as redes sociais, elas ainda são tomadas como foram os primeiros empreendimentos na Internet: uma moda. E a dificuldade em capitalizar sobre as redes sociais está justamente no fato de considerá-las modismo e não percebê-las como uma nova forma pela qual os negócios podem ser conduzidos no futuro. As redes sociais virtuais surgiram não faz muito tempo, mas já demonstram o quanto são uma nova forma de relacionamento da qual muita gente faz uso diariamente e se adaptou por uma questão de mudança na própria estrutura societária. Mais amigos, mais conhecimento, mais distâncias e mais facilidades de encurtar essas distâncias. Essas redes são nada mais que uma solução para alguma demanda que já preexistia.

Em um futuro próximo, os usuários já estarão adaptados e não perderão seu tempo tentando descobrir suas vantagens e formas de uso. Elas serão incorporadas na vida diária como aconteceu com o *e-mail* ou o telefone. Hoje, ninguém fica diante do aparelho de telefone pensando em como usá-lo melhor ou achando que ele pode perder a força que tem, pois ele continuará sendo fundamental, mas não mais vangloriado, já que sua importância permaneceu na comunicação que ele facilita. Quando a tecnologia se torna onipresente, a anterior deixa de chamar tanta atenção. O mesmo já começa a acontecer com relação às redes sociais, pois para muitos usuários, podemos até achar maravilhoso o que ela pode nos proporcionar, mas a ferramenta em si já não tem tanta importância.

Um exemplo disto não são apenas as redes sociais, mas as várias formas de comunicação encontradas pelos usuários facilitadas pela rede, como os fóruns de discussão e *sites* como o Yahoo! Respostas, em que uma dúvida pode ser respondida por dezenas de pessoas, incluindo profissionais a quem não se teria acesso de forma presencial. Como não existe a necessidade de identificação em boa parte das comunicações *online*, a Internet acaba se tornando um campo aberto para que usuários com os mais diversos perfis dêem vazão a uma série de expressões como lamentações, sarcasmo, incitação à violência etc.

Episódios como os ocorridos no Twitter após as eleições para presidente de 2010 não devem ser esquecidos. Um convite gratuito à violência contra uma parcela da população brasileira que vive na região nordeste, supostamente, que teve muitos votos para a candidata eleita, além de ser reconhecidamente a região que mais possui migrantes ao sul e sudeste em busca de trabalho. A mesma explosão de opiniões e sentimentos negativos se viu pouco tempo depois, pelo mesmo canal, agora contra homossexuais. Um convite a manifestar a oposição ao comportamento legal das pessoas com atos de violência.

Nesses episódios, mais uma vez vemos demonstrações de cumplicidade virtual. Não se conhece o indivíduo que está emitindo aquela opinião, mas quem compartilha vive uma identificação e se sente um igual, um cúmplice, um colega. E é como se alguém em quem você confia, alguém que possui as mesmas características e valores que você, fizesse um convite em que você pode sim acreditar, pois não está sozinho.

E assim, a Internet ganha *status* de malfeitora, de quem permite que pessoas exponham o que têm de pior e permaneçam no anonimato ou se comportem como se cometessem atos inocentes, como se aquele mundo não fizesse parte do mesmo em que elas vivem. Como já discutimos aqui, a Internet foi um avanço tecnológico que permitiu a comunicação como não poderíamos ter antes e nem de outra forma imaginável, mas o uso que se faz dela faz parte da liberdade de cada um. Os próprios usuários criam códigos não obrigatórios de conduta e repudiam um ou outro comportamento. Quem passa a fazer parte de novos grupos se adapta a um tipo de comportamento ou é melhor que o abandone para fazer parte de algum outro no qual se identifique mais.

Um dos comportamentos mais repudiados por usuários é o daquele indivíduo que usa alguma rede social, portanto, o canal de comunicação com um grupo, como depositário de suas insatisfações. Se reclamar constantemente da vida pode ser incômodo a família e amigos, nas redes sociais pode ser muito pior, pois grande parte utiliza essas redes para conversar e contar boas experiências. Isso chega até mesmo a ser uma tendência entre os usuários que mostram as partes boas de sua vida, suas conquistas e aspectos positivos.

Portanto, reclamações contínuas no próprio perfil pessoal é um caminho para que muitos amigos se aborreçam ou o usuário pareça desinteressante àqueles que não o conhecem bem. Recentemente, uma frase circulou pelas redes afirmando que "ninguém é tão bonito como no Orkut, é tão feliz como no Facebook, tão popular como no Twitter e tão bom profissional como no Curriculum Vitae" para mostrar o quanto se mostra um perfil na rede que não condiz com o que a pessoa de fato é fora dela. Assim também funciona para quem costuma se lamentar em público: é em geral desagradável, na vida virtual ou não, e a pessoa é punida por esse comportamento.

Alguns perfis, principalmente no Twitter, ganharam fama por terem sido criados para postar reclamações sobre variados temas, mas de forma bem-humorada. Esses perfis não são identificados com nome do autor e são destinados a fazer uma sátira a situações do dia a dia pelas quais qualquer um pode passar. Mas usuários comuns reclamando aleatoriamente de fatos ocorridos em suas vidas são vistos como chatos por seguidores e amigos, pois há uma tendência a querer ver o que as pessoas têm de bom a oferecer delas mesmas. O hábito é malvisto a ponto de usuários fazerem comentários sarcásticos sobre reclamações e acrescentarem a *hashtag* #mimimi, criada no intuito de demonstrar o desinteresse nesse tipo de comentário.

Assim, uma plataforma de entretenimento parece não dar abertura a ser um divã. Pensando nisso e na vontade latente que muita gente tem de compartilhar momentos ruins, começaram a surgir alguns *sites* que proporcionam espaço à reclamação dessas pessoas, primeiramente nos Estados Unidos, França, até chegarem aqui no Brasil. Neles, os comentários podem ser anônimos e ficam disponíveis no *site* para quem quiser ler e não obrigatoriamente aos amigos ou seguidores. Dessa forma, os usuários não precisam mostrar a identidade ao serem expostos a julgamentos.

O primeiro grande *site* do gênero, o F my life [F... minha vida], foi criado em 2008 por dois franceses e posteriormente se tornou livro. O desabafo *online* foi crescendo e povoando outros *blogs* com cognome ou *sites* com o mesmo propósito, como o My life is average [Minha vida é mediana] ou o Texts from last night [Mensagens da noite passada], que com colaborações constantes dos usuários, teve um grande aumento de acessos em 2009. No Brasil, foi criado o Vida de merda, integrado a outras redes sociais, como Twitter e Facebook, para mostrar as desventuras de vários brasileiros anônimos.

Vários comportamentos estão envolvidos no ato de desabafar na Internet e no de ser curioso pelo que outras pessoas estão passando ou se divertir com situações constrangedoras, dolorosas ou decepcionantes vivenciadas por desconhecidos. Outro exemplo dessa necessidade de compartilhar com desconhecidos detalhes importantes da vida pessoal, sejam bons ou ruins é o Post Secret, um *blog* lançado em 2005 por Frank Warren, inspirado em um projeto de Allan Bridge, no qual ele criou um espaço onde posta mensagens que recebe pelo correio, de vários anônimos, em formato de cartão postal, mas contando algum segredo.

As mensagens são anônimas e os melhores segredos são postados. Além dos indivíduos que enviam os cartões, o *site* também convida os usuários que acompanham a publicação a comentarem a respeito daqueles que mais chamaram sua atenção ou os emocionaram de alguma forma, assim permite que, além de todos socializarem e talvez encontrarem segredos semelhantes, possam refletir sobre seus próprios medos e angústias, mas de forma que não invada a privacidade do outro. Torna-se assim, uma forma de alívio para quem precisa desabafar, comemorar algo silenciosamente ou simplesmente saber o que as outras pessoas pensariam sobre seu comportamento, chegando mesmo a conseguir conforto por compartilhar com estranhos que não o julguem com preconceitos, mas que talvez de fora possam entender e mesmo perdoar.

Para fechar o arquivo

Em 2008, um *best seller* brasileiro foi subtitulado com a seguinte designação: "o guia definitivo do *marketing* digital". Mas o que poderíamos realmente hoje considerar como definitivo na Internet além do fato de ela ter nascido e continuar transformando nossas vidas? Análises à parte, o que quero compartilhar aqui é justamente a ideia de inacabado, não no sentido de imperfeito, mas no de eterna busca por melhoramentos. Na Internet, o que temos visto é que muitas das invenções que surgem para nos ajudar, fazer-nos interagir, aprender, ensinar, compartilhar experiências, acabam vindo em uma velocidade muito maior que a necessidade de muitos. Ou talvez mais rápido do que a percepção de cada um de que já tinha aquela necessidade. Mas para que isso aconteça, existe por trás um arsenal de pesquisadores e jovens talentos pensando, criando e vivendo o dia a dia de um internauta comum.

Nossos hábitos mudaram inevitavelmente com o ingresso do computador, mas principalmente da Internet, que permitiu que a máquina utilizasse a nosso favor a ferramenta da socialização, ainda mais salientada com o advento da Web 2.0. Steven Johnson[1] disse que depois de se acostumar a escrever diretamente no computador, sente que já mal consegue pegar papel e caneta para escrever um simples bilhetinho; que é como se sua letra estivesse desintegrando-se. Está próximo desse sentimento o que esta geração digital vem vivendo. Hábitos e forma de viver transformados pelas máquinas e novas tecnologias que não param de surgir. Se antes ninguém sentia falta de algumas vantagens trazidas pelos computadores e Internet, é simplesmente porque não conseguiam vislumbrar o quanto mudaria a maneira de se comunicar, interagir, aprender, conhecer pessoas etc.

A Internet possibilitou a realização de novos comportamentos latentes. Por mais que o homem ao longo da história tenha sempre procurado a evolução e imaginado o futuro e a máquina à sua semelhança, ou seja, inteligente, também teve que ir vivenciando um presente que passa rápido para ter acesso a novidades idealizadas e realizadas por poucos grupos de pessoas que acreditaram que o imaginável poderia existir. Ele buscou inovação, mas também pautado por uma das necessidades mais básicas dos seres humanos que é viver em sociedade. Afinal, não deixamos de ser um animal social. Apenas encontramos novas formas de representar relacionamentos afetivos ou profissionais entre os grupos que compartilham interesses.

Ainda em 2010, o Brasil chegou ao topo do *ranking* mundial de penetração em redes sociais, com 85% dos internautas, contra 70% dos norte-americanos. Tomando as redes sociais como toda

---

[1] Steven Johnson já foi citado como um dos mais influentes pensadores do ciberespaço pelas revistas *Newsweek* e *New York Magazine*.

interação existente no meio *online*, com troca de informações, opiniões e conteúdos, percebemos o quão transformadora foi a Web 2.0 para fazer de pessoas comuns consumidores atentos e (re)produtores de conteúdo. Hoje, ferramentas de mídia de participação como *blogs, moblogs, vlogs, podcasts, mashups*, RSS, *tags, wikis, bookmarking social, sites* de compartilhamento de fotos, vídeos e música se tornam cada vez mais comuns e cada vez mais são uma forma de procurar novas ligações com outros usuários.

Afinal, são pessoas por trás das máquinas que buscam aprender mais, fazer contatos profissionais, conversar com amigos de longe, pesquisar sobre produtos, ou seja, fazer coisas que incrementem suas vidas pessoais não virtuais. Por isso, empresas que planejam ações *online* e só se preocupam com os computadores e os *softwares* e esquecem as pessoas tendem ao fracasso. Elas devem lembrar que essas pessoas são reais e não apenas cliques e visitas ao seu *site*. E assim, a Internet acaba funcionando como um boca a boca *online*, mais rápido e eficiente. Afinal, é um conhecido ou alguém com quem topamos inusitadamente quem está indicando e compartilhando uma informação.

Por isso, Pisani e Piotet (2010), em sua noção de "alquimia das multidões", consideram que a grande massa conectada continua sendo uma multidão, talvez mais espaçada, mas ainda conectada entre si, e exatamente por essa razão, ao mesmo tempo que são pessoas ativas e participantes, "produzem resultados suficientemente positivos para justificar sua participação e suficientemente aleatórios para que seja necessário permanente vigilância". Sendo assim, não podemos ignorar a força que nós ganhamos com as particularidades da Web 2.0, mas também não podemos ser inocentes a ponto de ignorar seus pontos negativos.

Sendo o entretenimento um dos principais pilares que sustenta a entrada de novos usuários na Internet e mantém os antigos

– seja ele vinculado a sexo, jogos, entre outros –, é um dos caminhos mais percorridos tanto para usos ingênuos como para usos fraudulentos e condenáveis. Sem entrar no mérito de atividades legais ou não, as facilidades de contato com outras pessoas tornaram o meio virtual vulnerável a necessidades latentes daqueles que se fizeram usuários.

Como bem argumenta Keen (2007), o anonimato é um grande desafio para um canal que pressupõe liberdade, mas não está isento de suas adversidades, afetando diversas e importantes esferas de nossa vida privada e pública. Sobre o tema, ele comenta o fato de a natureza viral não editada do YouTube permitir que qualquer pessoa poste anonimamente vídeos enganosos ou manipuladores, fazendo com que o suposto agente de democratização do conteúdo gerado pelo usuário, que é o meio virtual, acabe "criando uma cultura da exposição embaraçosa ao estilo dos tabloides – onde um comentário casual impensado eclipsa toda uma plataforma política (...) e quando a política é tão facilmente distorcida, somos nós, o eleitorado que perdemos", pois, segundo ele, se nós cidadãos não sabemos em quem acreditar, fatalmente tomaremos decisões equivocadas ou perderemos o interesse por temas como a ciência ou a política.

Mas à parte dos aspectos negativos, o comportamento imbuído do conceito da Web 2.0 veio muito mais para trazer benefícios e facilidades do que transtornos. Na tentativa de conciliar o enxugamento de tempo diante do crescimento de exigências, tarefas e informação, a rapidez também de ferramentas de comunicação parece seguir o instinto humano de adaptação. Para quem utiliza a Internet para ser mais eficiente no trabalho ou mesmo exercer funções nas quais a rede é imprescindível, ou para quem a usa para se divertir com jogos ou vídeos engraçados, ou mesmo para quem depende dela para se comunicar com parentes que não vê há muito tempo, mais que uma funcionalidade, a rede já faz parte indispensável do dia a dia.

Mas além de uma necessidade, a Internet se tornou um trunfo para quem a tomou como uma aliada ou uma ponte a outros usuários, sejam velhos conhecidos ou não. É poder contar com uma ferramenta tão poderosa que permite ver, falar e ouvir, em tempo real, não um artefato de uma máquina, mas saciar o desejo de estar em contato com outra pessoa que busca os mesmos interesses. Um encontro facilitado por um meio, mas alavancado pela vontade de contato pessoal, ainda que a distância. Isto reitera o que consideramos intrínseco ao ser humano e evidente com o uso das redes sociais: pessoas giram em torno de pessoas.

Referências

Adolfo, C. (2010). *E-commerce*. Palestra na Faculdade Anhembi Morumbi.

Agência Bullet (2009, maio). Pesquisa *Twitter Brasil*.

Alexandre (2009). O melhor lugar para reclamar da vida. *PSInforme-se*. Recuperado em 25 de fevereiro, 2011, de http://psisaber.wordpress.com/2009/10/30/o-melhor-lugar-para- reclamar-da-vida/.

André, A. (1979). *Ética e códigos da comunicação social* (2. ed.). Porto Alegre: Sulina – ARI.

Anônimo (2007). Microsoft compra participação de US$ 240 milhões no Facebook. *Computerworld*. Recuperado em 31 março, 2010, de http://computerworld.uol. com.br/negocios/2007/10/24/idgnoticia.2007-10-24.3786253096/.

Anônimo (2008). Livemocha atinge um milhão de membros no mundo e introduz os Mochapoints, recurso de avaliação de reputação entre pares. *Business wire*. Recuperado em 30 março, 2010, de http://www.businesswire.com/portal/site/home/permalink/?ndmViewId=news_view&newsId=20080922005466&newsLang=PT.

Anônimo. *Redes sociais.br*. Vídeo produzido pela Agência Click. Recuperado em 18 de abril, 2010.

Awmueller. *Terapia via internet*. Recuperado em 25 abril, 2010, de http://www.awmueller.com/terapiafamiliarcasal/terapiaviainternet.htm.

Afonso, R. (2009). Geração Y tem dificuldade para lidar com restrições no trabalho. *PCWorld*. Recuperado em 07 maio, 2011, de http://pcworld.uol.com.br/noticias/ 2009/04/23/geracao-y-tem-dificuldade-para-lidar-com-restricoes-no-trabalho/.

Barbosa, A. & Castro, C. (2008). *Comunicação digital: educação, tecnologia e novos comportamentos*. PucMinas: Belo Horizonte.

Baudrillard, J. (1985). *A sombra das maiorias silenciosas* (2. ed.). (Suely Bastos, Trad.). São Paulo: Editora Brasiliense.

Baudrillard, J. (1995). *A sociedade de consumo* (70. ed.). (Artur Mourão, Trad.). Lisboa.

Boyd, D. (2008b, setembro, 22). *Understanding socio-technical phenomena in a web2.0 era*. Talk given to MSR New England. Cambridge, MA. (versão *online*)

Boyd, D. (2008a, abril, 23). *Teen socialization practices in networked publics,* Talk at MacArthur Forum. Palo Alto, CA. (versão *online*)

Boyd, D. (2009a, abril, 18). *Living and learning with social media*. Symposium for Teaching and Learning with Technology. State College, PA.

Boyd, D. (2009b). Implications of user choice: the cultural logic of MySpace or Facebook? *Interactions Magazine XVI6*.

Boyd, D. (2009c). *Social media is here to stay... Now what?*. Microsoft Research Tech Fest, Redmond, Washington.

Boyd, D. (2010a, fevereiro, 25). Streams of content, limited atention. *UX Magazine, n 495*.

Boyd, D. (2009d). Socializing digitally. *Vodafone Receiver Magazine, 18*.

Brasil, A., Falci, Carlos H., De Jesus, E. (orgs.) (2004). *Cultura em fluxo: novas mediações em rede*. PucMinas: Belo Horizonte.

Ciriaco, D. (2009). O que é a geração Z? *Tecmundo*. Recuperado em 20 maio, 2011, de http://www.tecmundo.com.br/2391-o-que-e-a-geracao-z-.htm.

Cornachione, D. (2010, maio). As empresas querem entrar. *Revista Época, n 628*, 92-94. Rio de Janeiro: Editora Globo.

Costa, E. (2008). LinkedIn conecta 35 milhões de profissionais. *Info Reviews*. Recuperado em 30 março, 2010, de http://info.abril.com.br/reviews/webware/redes-sociais/linkedin-conecta-25-milhoes-de.shtml.

Diário Digital (2009). *Ferramenta informática Messenger celebra 10 anos*. Recuperado em 25 março, 2010, de http://diariodigital.sapo.pt/news.asp?section_id= 18&id_news=400472.

Dias, M. (2010, abril). A geração super Y e a relação com o mercado de trabalho. *FAAP, 224*, 76-78

Estadão (2007). *Comunidade brasileira no Orkut é "vendida"*. Recuperado em 25 março, 2010, de http://www.estadao.com.br/arquivo/tecnologia/2007/not20070112p13512.htm.

Felipini, D. (2011a). A compra coletiva e o consumidor. *eCommerceOrg*. Recuperado em 25 fevereiro, 2011, de http://e-commerce.org.br/artigos/compra-coletiva-consumidor.php.

Felipini, D. (2011b). Empreendedorismo na Internet, o momento é agora. *eCommerceOrg*. Recuperado em 25 fevereiro, 2011, de http://e-commerce.org.br/artigos/empreendedorismo-internet.php.

Felipini, D. (2011c). Profissões da Internet. *eCommerceOrg*. Recuperado em 20 fevereiro, 2011, de http://e-commerce.org.br/profissoes-internet.php.

Ferrari, B. (2010, maio). Onde os brasileiros se encontram. *Revista Época*, n. 628, 84-85. Rio de Janeiro: Editora Globo.

Fernandes, N., Nogueira, P. (2010, maio). Estou viciado? *Revista Época*, n. 628, 109-113. Rio de Janeiro: Editora Globo.

Folha de Sao Paulo (2006). *Entenda o que é a Web 2.0*. Recuperado em 31 março, 2010, de http://www1.folha.uol.com.br/folha/informatica/ult124u20173.shtml.

Fortim, I. & Farah, R. M. (orgs.) (2007). *Relacionamentos na era digital*. Giz Editorial: São Paulo.

Foschini, A. C. & Taddei, R. R. *Jornalismo cidadão: você faz a notícia* [versão eletrônica]. Coleção conquiste a rede.

Gilsogamo, A. P. (2010). Pesquisa relaciona redes sociais e internet móvel. *Mobilepedia*. Recuperado em 18 abril, 2010, de http://www.mobilepedia.com.br/noticias/pesquisa-relaciona-redes-sociais-e-internet-movel.

Hall, S. (1992). *Identidade cultural na pós-modernidade* (2. ed). (Tomaz Tadeu Silva, Guacira Lopes Louro, Trad.) Rio de Janeiro: DP&A.

Hinduja, S., Patchin, J. (2010). What you need to know about online aggression. *Cyberbullying research center.* Recuperado em 29 agosto, 2010 de www.cyberbullying.us.

Ilovati, N. (2007). Menores que se expuseram na Twitcam podem cumprir medidas sócio-educativas. *IGjovem.* Recuperado em 03 agosto, 2010, de http://jovem.ig.com.br/ oscuecas/noticia/2010/07/27/menores+que+se+expuseram+na+twitcam+podem+cumprir+medidas+socio+educativas+9549455.html.

Islas, O., Caro, A. (2008). El enpoderamiento ciudadano a través de Redes Sociales. *Razon y Palabra.* Recuperado em 24 março, 2010 de http://www.razonypalabra. org.mx/espejo/2008/ago25.html.

Keen, A. (2009). *O culto do amador: como blogs, MySpace, YouTube e a pirataria digital estão destruindo nossa economia, cultura e valores.* Zahar: Rio de Janeiro.

Kendzerski, P. (2009). *Webmarketing e comunicação digital· bem vindo ao mundo digital* [versão eletrônica]. 2 ed.

Knowledge W. (2008a). *O crescimento vertiginoso das redes sociais na América Latina.* Recuperado em 18 abril, 2010, de http://www.wharton.universia.net/index. cfm?fa=viewArticle&id=1604&language=portuguese.

Knowledge W. (2008b). *Não é site, é conceito, explorando o poder das redes sociais.* Recuperado em 18 abril, 2010, de http://www.wharton.universia.net/index.cfm?fa= viewArticle&id=1550&language=portuguese&specialId.

Kollock, P. (1999). *The economy of the online cooperation: gifts and public goods in cyberspace.* Recuperado em 18 abril, 2010, de http://www.connectedaction.net/wp-content/uploads/2009/05/2001-peter-kollock-economies-of-online-cooperation.htm.

Lago, M. C. de S. (1999). Identidade: a fragmentação do conceito. In: Silva, A. L. da, L., M. C. de S., Ramos, T. R. O. (Org.) *Falas de gênero: teoria, análises e leituras.* Santa Catarina: Mulheres.

Lang, M. (2009). Twitter cresce 456% no Brasil, mas ainda é micro perto do Orkut. *Folha on line.* Recuperado em 18 abril, 2010, de http://www1.folha.uol.com.br/folha/ informatica/ult124u565461.shtml.

Leite, S. (2010). Facebook x Orkut. *ADNews.* Recuperado em 31 março, 2010, de http://www.adnews.com.br/internet/92521.html.

Lemos, A. (2002). *As redes: cultura das redes – ciberespaço para o século XXI.* Salvador: EduFba.

Lenhart, A., Purcell, K., Zickuhr, K. (2010). Social Media and Young Adults. *Pew Internet.* Recuperado em 18 abril, 2010, de http://www.pewinternet.org/Reports/2010/Social-Media-and-Young-Adults.aspx.

Loiola, R. Geração Y. *Revista Galileu online.* Recuperado em 03 agosto, 2010, de http://revistagalileu.globo.com/Revista/Galileu/0,,EDG87165-7943-219,00-GERACAO+Y.html.

Lourenço, V. (2009). A chegada na internet no Brasil. *Sete Lagoas.* Recuperado em 22 março, 2010, de http://www.setelagoas.com.br/index.php?view=article&id=1752%3Aa-chegada-da-internet-no-brasil&option=com_content&Itemid=53.

Mansur, A., F., B., Guimarães, C. (2010, maio). O poder e o risco das redes sociais. *Revista Época, n. 628*, 79. Rio de Janeiro: Editora Globo.

Mansur, A., Guimarães, C., Cornachione, D. (2010, maio). É para todo mundo ver? *Revista Época, n. 628*, 80-82 Rio de Janeiro: Editora Globo.

Marot, R. (2003). Consistência entre as atitudes e as intenções dos internautas em relação à aprovação da terapia *online* no Brasil. *Psicosite*. Recuperado em 02 setembro, 2010 de http://www.psicosite.com.br/pro/tese.htm#psicoterapia.

Maslin, J. (2009). Jornalista conta em livro a história secreta do MySpace. *Terra*. Recuperado em 21 abril, 2010, de http://tecnologia.terra.com.br/interna/0,,OI3648945-EI4802,00-Jornalista+conta+em+livro+a+historia+secreta+do+MySpace.html.

Maurano, D. (2006). *A transferência* (Coleção Psicanálise – passo a passo). Rio de Janeiro: Zahar.

Medeiros, J. (2009). O que é e-commerce. *Tudo sobre Marketing*. Recuperado em 21 fevereiro, 2011, de www.tudosobremarketing.wordpress.com.

Mizuko, I., Baumer, S., Boyd, D. (2009). *Hanging out, messing around, geeking out: living and learning with new media*. Cambridge: MIT Press.

Monteiro, E. (2010). Redes sociais e comportamento humano. *RJNET*. Recuperado em 18 abril, 2010, de http://www.rjnet.com.br/elism_vermateria.php?id=29. Acessado em 18 de abril de 2010.

Moraes, M. (2009, maio). Mídias sociais. *Info Exame, 279*, 64-69.

Nunes, L. (2009). Dependência a Internet. *PsicoInfo*. Recuperado em 07 maio, 2010, de http://institutopsicoinfo.blogspot.com/.

Oglobo (2009a). *Número de usuários ativos da internet no Brasil cresceu 10% em julho*. Recuperado em 25 abril, 2010, de http://oglobo.globo.com/tecnologia/mat/2009/08/20/numero-de-usuarios-ativos-da-internet-no-brasil-cresceu-10--em-julho-757490363.asp.

Oglobo (2009b). *Estudantes universitários dos EUA são viciados em Internet, diz pesquisa*. Recuperado em 25 abril, 2010 de http://oglobo.globo.com/tecnologia/mat/ 2010/04/24/estudantes-universitarios-dos-eua-sao-viciados-em-internet--diz-pesquisa-916423653.asp.

Orduña, O., Alonso, J., Antunez, J. L. et. al. (2007). *Blog: revolucionando os meios de comunicação* (Vértice Translate, Trad.). São Paulo: Thompsom Learning.

Oreilly, T. (2006). Web 2.0 Compact definition: trying again. *O'Reilly Radar*. Recuperado em 31 março, 2010 de http://radar.oreilly.com/2006/12/web-20-compact-definition-tryi.html.

Oreilly, T. (2007). O que é Web 2.0. *Cypedia*. Recuperado em 31 março, 2010 de http://www.cipedya.com/doc/102010.

Paula, R. de (2010). 5 razões porque seu *marketing* de mídias sociais não está funcionando. *Mídias Sociais*. Recuperado em 10 outubro, 2010, de http://www.midiassociais.net/2010/07/5-razoes-porque-seu-marketing-de-midia-social--nao-esta-funcionando/.

Powell, J. (2010). *33 milhões de pessoas na sua rede de contatos – como criar, influenciar e administrar um negócio de sucesso por meio das redes sociais*. (Leonardo Abramowicz, Trad.). São Paulo: Gente.

Pisani, F., Piotet, D. (2010). *Como a* web *transforma o mundo: a alquimia das multidões* (Gian Bruno Grosso, Trad.). São Paulo: Senac.

Prado, O. Z. (2002). *Terapia via internet e relação terapêutica*. São Paulo, 2002. Dissertação de Mestrado, Universidade de São Paulo, Departamento de Psicologia Clínica, SP, Brasil.

Prado, O. Z.; Meyer, S. B. (2006). Avaliação da relação terapêutica na terapia assíncrona via internet. *Psicologia em Estudo, 11* (2), 247-257.

Qualman, E. Social media revolution. *Socialnomics*. Vídeo. Recuperado em 22 de setembro, 2010

Raab, C. (2010). *Após conquistar milhões de usuários, Twitter mira em anunciantes*. AFP. Recuperado em 13 abril, 2010 de http://www.google.com/hostednews/afp/article/ALeqM5i9EXOxHof5hFOZh3XR058-Q2Y8jQ.

Recuero, R. (2009). *Redes sociais na internet*. Porto Alegre: Sulina.

Resolução CPP n. 012/2005(2005). Regulamenta o atendimento psicoterapêutico e outros serviços psicológicos mediados por computador e revoga a Resolução CFP n. 003/2000. Recuperado em 25 março, 2010 de http://pol.org.br/legislacao/pdf/ resolucao2005_12.pdf.

Resolução 196/96 do Conselho Nacional de Saúde – Ministério da Saúde (1996). Recuperado em 25 março, 2010 de http://www.pucminas.br/documentos/pesquisa_cns.pdf.

Sammartino, Thiago (2009a). A psicologia e a internet. *Psicologia Digital*. Recuperado em 25 abril, 2010 de http://www.psicologiadigital.com/2009/09/04/a-psicologia-e-a-internet/.

Sammartino, T. (2009b). Terapia pela Internet. *Psicologia Digital*. Recuperado em 25 abril, 2010 de http://www.psicologiadigital.com/2009/07/03/terapia-pela-internet/.

Sayon, D. (2010). A Evolução das redes sociais e a publicidade. *Mestre Seo*. Recuperado em 18 abril, 2010 de http://

www.mestreseo.com.br/redes-sociais/a-evolucao-das-redes-sociais-e-a-publicidade-2.

Silva, K. (2006). Orkut e lazer: reflexões sobre as comunidades categorizadas como esporte e lazer. *Efdeportes*. Recuperado em 25 março, 2010 de http://www.efdeportes.com/efd109/orkut-e-lazer.htm.

Silveira, J. (2009). Pacientes recorrem a psicólogo via *web*; prática divide especialistas. *Folha de São Paulo*. Recuperado em 30 agosto, 2010 de http://www1.folha.uol.com.br/folha/equilibrio/noticias/ult263u621960.shtml.

Small, B. P. (2010). A história do Twitter. *Tecmundo*. Recuperado em 15 abril, 2010 de http://www.baixaki.com.br/info/3667-a-historia-do-twitter.htm.

Spyer, J. (2007). *Conectado: o que a internet fez com você e o que você pode fazer com ela*. Rio de Janeiro: Jorge Zahar.

Spyer, J. (2009). *Tudo o que você precisa saber sobre o Twitter – você já aprendeu em uma mesa de bar* [versão eletrônica]. Talk.

Strikerzin. Skype. *Outerspace*. Recuperado em 29 março, 2010 de http://forum.outerspace.terra.com.br/showthread.php?t=148075.

Sua Pesquisa (2010). *História da Internet*. Recuperado em 24 abril, 2010 de http://www.suapesquisa.com/internet/.

Takase, E. (2010). *O papel da internet na Psicologia*. Recuperado em 25 abril, 2010 de http://www.cfh.ufsc.br/~takase/psiweb/prefacio.htm.

Teixeira, Jr. W., Castelo Branco, C., Barbosa, P. (2009). Sistema de recomendação de notícias nas Mídias sociais buscam substituir o gatekeeping dos MCM. *Comunicação & Inovação* (Vol. 10, n. 9. pp. 36-44)

Temperini, A. (2007). A história do Skype. *Alept*. Recuperado em 18 abril, 2010 de http://aletp.com/2007/11/27/skype-historia-da-marca/.

Terra (2009). *Ibope revela que 53% sente sobrecarga de informações na web*. Recuperado em 09 maio, 2010 de http://tecnologia.terra.com.br/interna/0,,OI4024397-EI4802,00-Ibo pe+revela+que+sente+sobrecarga+de+informacoes+na+web. html.

Terra (2010). *Ibope: 66,3 mi de brasileiros usaram internet em dezembro*. Recuperado em 09 maio, 2010 de http://noticias. terra.com.br/imprime_1024/0,,OI4256713-EI4802,00.html.

Thompson, J. B. (1995). *Ideologia e cultura moderna*. Rio de Janeiro: Vozes.

Torres, C. (2009). *A bíblia digital do marketing digital – tudo o que você queria saber sobre marketing e publicidade na internet e não tinha a quem perguntar*. São Paulo: Novatec.

Você Rh (2011). *O que os gestores pensam da geração Y*. Recuperado em 20 maio, 2011 de http://revistavocerh.abril.com. br/noticia/conteudo_495360.shtml.

Wikipedia (2010). *CouchSurfing*. Recuperado em 30 março, 2010 de http://pt.wikipedia. org/wiki/CouchSurfing.

Wikipedia (2010a). *Facebook*. Recuperado em 30 março, 2010 de http://pt.wikipedia.org/ wiki/Facebook#cite_note-1.

Wikipedia (2010b). *História da Internet*. Recuperado em 24 abril, 2010 de http://pt.wikipedia.org/wiki/Hist% C3%B3ria_da_Internet.

Wikipedia (2010c). *ICQ*. Recuperado em 25 março, 2010 de http://pt.wikipedia.org/wiki/ ICQ.

Wikipedia (2010d). *Linkedin*. Recuperado em 30 março, 2010 de http://pt.wikipedia.org/ wiki/LinkedIn.

Wikipedia (2010e). *Orkut*. Recuperado em 22 março, 2010 de http://pt.wikipedia.org/ wiki/Orkut.

Wikipedia (2010f). *P2P*. Recuperado em 14 abril, 2010 de http://pt.wikipedia.org/ wiki/P2P.

Wikipedia (2010g). *Rede Social*. Recuperado em 30 março, 2010 de http://pt.wikipedia. org/wiki/Rede_social

Wikipedia (2010h). *Skype*. Recuperado em 29 março, 2010 de http://pt.wikipedia.org/ wiki/Skype.

Wikipedia (2010i). *Web 2.0*. Recuperado em 31 março, 2010 de http://pt.wikipedia.org/ wiki/Web_2.0.

Wikipedia (2011). *Geração X*. Recuperado em 20 maio, 2011 de http://pt.wikipedia.org/ wiki/Gera%C3%A7%C3%A3o_X.

Wolf, M. (1998). *Teorias da comunicação* (5. ed.). (Maria Jorge V. de Figueiredo, Trad.). Lisboa: Presença, 1998.

Young, K. S. (2007). Treatment Outcomes with Internet Addicts. *CyberPsychology & Behavior* (Vol. 10, n. 5; pp. 671-679).

Anexo. Mapa de noções da Web 2.0, do artigo O que é Web 2.0?, de Tim O'Reilly:

MAPA de NOÇÕES WEB 2.0

- Flickr, del.icio.us: Tagging Não taxonomia
- PageRank, Reputação do eBay, Avaliações da Amazon: o usuário como colaborador
- Blogs: Participação, Não publicação
- BitTorrent: Descentralização Radical
- GMail, Google Maps e AJAX: Experiência rica do usuário
- Google AdSense: auto-serviço possibilitando a cauda longa
- Wikipedia: Confiança Radical
- "Uma atitude, não uma tecnologia"
- Confie nos seus usuários
- A cauda Longa
- Pequenas peças "levemente" ligadas (a web como componentes)

Posicionamento Estratégico: A Web como Plataforma

Posicionamento do Usuário: Você controla seus próprios dados

Competências Centrais:
- Serviços, não software "empacotado"
- Arquitetura de participação
- Escalabilidade de custo eficiente
- Fonte e transformação de dados remixáveis
- Software em mais de um dispositivo
- Empregando a inteligência coletiva

- Dados como o "Intel Inside"
- O Beta perpétuo
- Software melhor quanto mais as pessoas o utilizam
- "Play"
- Experiência rica do usuário
- "Hackeabilidade"
- O direito de Remixar: "Alguns direitos reservados"
- Emergente: Comportamento do usuário não pré-determinado
- Endereçabilidade granular de conteúdo

Impresso por :

Graphium
gráfica e editora

Tel.:11 2769-9056